구서 2024-05

언론 신뢰도 향상 방안

오세욱 · 김지원 · 최지향

한국언론진흥재단
Korea Press Foundation

연구서 2024 - 05

언론 신뢰도 향상 방안

책임연구 오세욱 한국언론진흥재단 책임연구위원
공동연구 김지원 단국대 미디어커뮤니케이션학과 교수
최지향 이화여대 커뮤니케이션·미디어학부 교수
보조연구 전현지 이화여대 커뮤니케이션·미디어학부 석사과정

발 행 인 김효재
편 집 인 남정호
발 행 일 2024년 11월 30일 초판 제1쇄 발행

한국언론진흥재단
주소 04520 서울특별시 중구 세종대로 124 프레스센터빌딩
전화 (02) 2001-7748 **팩스** (02) 2001-7740
www.kpf.or.kr

편집 (주)케이에스센세이션
주소 07237 서울특별시 영등포구 국회대로66길 11, 12층(여의도동, 퍼스텍빌딩)
전화 (02) 761-0031 **팩스** (02) 761-2727

인쇄 (사)한국장애인e-Work협회
주소 07333 서울특별시 영등포구 국제금융로 8길 19 중앙빌딩 411호
전화 (02) 783-0800 **팩스** (02) 783-0750

ISBN 978-89-5711-768-2 (93070) (Print)
ISBN 978-89-5711-769-9 (95070) (Online)

이 보고서는 한국언론진흥재단의 정부광고 수수료로 제작되었습니다.
자세한 내용은 QR코드를 통해 확인해 주세요.

목 차 CONTENTS

CONTENTS

목 차

CONTENTS

목 차

표 목차

그림 목차

그림 목차

01 문제의 제기

언론은 민주주의 사회에서 시민들의 알 권리를 보장하고 공론장을 형성하는 핵심적인 역할을 담당해왔다. 특히 현대 사회에서 언론은 정보의 게이트키퍼로서 진실된 정보를 선별하고 전달하는 동시에, 권력을 감시하고 견제하는 감시견(watchdog)으로서의 역할도 수행해야 한다(Schudson, 2018). 그러나 한국 사회에서 언론에 대한 신뢰 하락은 오랫동안 중요한 사회적 문제로 다루어져 왔으며, 이는 여러 연구를 통해 지속적으로 확인되어 왔다(강명구 외; 김경모, 이승수, 2018; 김위근 외, 2018; 민영, 2016; 배정근 외, 2021; 오세욱, 송해엽, 2022).

올해 발표된 로이터 저널리즘 연구소의 〈디지털 뉴스 리포트 2024〉 결과는 한국 언론이 직면한 신뢰 위기의 현실을 보여준다. 해당 보고서에 따르면, "뉴스를 신뢰한다"라고 답한 한국 응답자는 31%에 그쳐 조사 대상국 47개국 중 38위를 기록했다(이현우 외, 2024). 매년 발표하는 이 보고서에서 한국의 신뢰도는 조금씩 높아지고는 있지만, 다른 나라들과 비교해 볼 때 여전히 낮은 수준이다.

이러한 언론 신뢰도의 하락은 현대 사회에서 더욱 심각한 문제로 대두되고 있다. 코바치와 로젠스틸(Kovach & Rosenstiel, 2014)이 지적한 바와 같이, 언론에 대한 신뢰의 하락은 공론장의 기능을 약화시키고 시민들의 합리적 의사

결정 능력을 저해할 뿐만 아니라, 사회적 연대를 약화시키는 결과를 초래할 수 있다. 특히 소셜 미디어의 발달로 인해 허위정보가 급속도로 확산되는 현대의 디지털 미디어 환경에서는, 신뢰할 수 있는 언론의 존재가 그 어느 때보다 중요해지고 있다. 언론에 대한 신뢰도가 낮은 사회일수록 허위정보의 확산이 더욱 활발하게 이루어지며, 이는 다시 언론 신뢰도를 더욱 낮추는 악순환으로 이어질 수 있다.

그동안 언론 신뢰도 향상을 위한 연구들은 주로 뉴스 콘텐츠의 품질 개선에 초점을 맞춰왔다. 여러 연구자들은 뉴스의 정확성, 공정성, 객관성, 중립성 등을 향상시키는 것이 언론 신뢰도 제고의 핵심이라고 주장해왔다(김위근 외, 2018; 이소은, 오현경, 2021). 특히 하니치 등(Hanitzsch et al., 2018)은 뉴스 품질의 여러 구성요소 중에서도 정확성과 공정성이 신뢰도 형성에 가장 큰 영향을 미친다는 점을 실증적으로 입증했다. 이러한 접근은 저널리즘의 기본 가치를 강화함으로써 신뢰를 회복하고자 하는 전통적인 방법이었다.

그러나 최근에는 '투명성(transparency)'이라는 개념이 언론 신뢰도 향상을 위한 대안으로 주목받고 있다. 칼손(Karlsson, 2010, 2020)에 따르면, 투명성은 언론사가 뉴스 생산 과정에 대해 하이퍼링크, 수정 내역, 정보수집 과정에 대한 설명 등을 통해 알리는 '공개 투명성(openness transparency)', 토론이나 댓글, 독자 기고기사 출판과 같이 뉴스 생산 과정에 뉴스 이용자를 참여시키는 '참여 투명성(participatory transparency)', 각각의 기사가 기자의 주관적 생각을 담은 의견 기사인지 아니면 사실에 바탕한 스트레이트 기사인지 등을 명확히 표시하거나, 기자가 기사와 관련한 추가적 해설이나 견해를 제공해 이용자들이 뉴스가 지닌 의미를 좀 더 깊게 이해할 수 있도록 돕는 '환경적 투명성(ambient transparency)'으로 나눌 수 있다. 알렌

(Allen, 2021)은 이러한 정보 공개가 독자들의 신뢰 형성에 긍정적인 영향을 미친다는 점을 발견했으며, 특히 취재 과정과 정보 출처의 투명한 공개가 가장 효과적이라고 주장했다.

참여 투명성은 독자들이 뉴스 제작 과정에 참여할 수 있는 기회를 제공하는 것을 의미한다(Karlsson & Clerwall, 2018). 이는 단순한 댓글 작성을 넘어서, 기사의 오류를 지적하고 수정을 요구할 수 있는 권한을 독자들에게 부여하는 것까지 포함한다. 이러한 참여 기회의 제공은 독자들의 언론사에 대한 신뢰도를 높이는 데 기여할 뿐만 아니라, 뉴스룸의 책임성도 강화하는 효과가 있는 것으로 나타났다.

특히 디지털 저널리즘 환경에서는 기사의 수정이 빈번하게 이루어지므로, 수정 이력의 투명한 공개가 매우 중요한 의미를 갖는다. 실제로 〈뉴욕타임스〉(The New York Times)와 같은 글로벌 미디어는 일일 수정 기사를 공개함으로써 투명성을 높이려는 노력을 지속하고 있다. 토프 등(Toff et al., 2021)의 연구에 따르면, 언론사가 오류를 인정하고 수정하는 모습을 보였을 때 일부 독자들의 신뢰도가 오히려 상승하는 것으로 나타났다. 육은희(2020)의 연구에서도 수정 원인을 함께 제시했을 때 매체 신뢰도가 더 크게 향상되는 것으로 확인되었다. 이는 오류를 인정하고 수정하는 과정의 투명한 공개가 언론사의 신뢰도를 높일 수 있다는 점을 시사한다.

그러나 투명성 장치의 효과에 대해서는 상반된 연구 결과들이 존재한다. 프라이타그 등(Freitag et al., 2024)은 최근 연구에서 '수정의 딜레마(correction dilemma)'라는 개념을 제시하며, 언론사의 오보와 정정 트윗에 순차적으로 노출될 경우 정보의 정확성은 높아지지만 언론사에 대한 신뢰는 오히려 감소할 수 있다고 지적했다. 지나친 투명성이 오히려 신뢰도를 저해할 수 있다는 점이 확인된 것이다. 이러한 결과들은 투명성 장치의 도입이 신중하게 이루어져야 하며, 그 효과에 대한 체계적인 검증이 필요하다는 점을 시사한다.

이러한 맥락에서 이 보고서는 언론의 신뢰와 투명성과 관련한 선행 연구들을 검토한 뒤 현재 언론사들이 투명성 강화를 위해 시도하고 있는 사례들을 제시한다. 이후 언론사들이 도입하고 있는 다양한 투명성 장치들의 실질적인 효과를 실증적으로 검증하고자 한다. 특히 기존 연구들이 주로 이론적 논의나 정책적 제언에 머물렀던 것과 달리, 이 보고서는 실제 운영되고 있는 투명성 장치들이 독자들의 신뢰도 인식에 미치는 영향을 체계적으로 분석하고자 한다. 구체적으로는 세 가지 온라인 설문실험을 통해 기사 수정 이력제, 기사 수정/삭제 내역 공개제, 기사 오류/문제 신고 기능, 데스크 실명제 등 주요 투명성 장치들의 효과를 검증할 것이다.

또한 본 연구는 투명성 장치의 현장 적용 가능성을 탐색하기 위해 현업 종사자 및 저널리즘 연구자들을 대상으로 심층 인터뷰를 진행하였다. 총 8명의 전문가를 대상으로 한 인터뷰에서는 투명성 장치 도입의 필요성에 대한 공감대와 함께, 현실적 적용에 있어서의 제약과 고려사항들이 제기되었다. 특히 인터뷰 참여자들은 투명성 장치의 도입이 필요하다는 점에는 동의하면서도, 실제 뉴스룸의 업무 환경과 조직 문화, 법적 책임 문제 등을 고려한 신중한 접근이 필요하다는 점을 강조했다.

이러한 분석을 통해 이 보고서는 향후 언론사들의 투명성 정책 수립과 개선에 실질적인 도움이 되는 근거 기반의 제언을 제공하고자 한다. 특히 이 보고서의 연구 결과는 단순히 학술적 의의를 넘어, 실제 언론 현장에서 투명성 정책을 설계하고 실행하는 데 있어 중요한 지침이 될 것으로 기대한다. 디지털 미디어 환경에서 새롭게 등장하는 다양한 형태의 투명성 장치들을 어떻게 효과적으로 활용할 수 있을지에 대한 실천적 함의를 제공함으로써, 궁극적으로는 한국 언론의 신뢰도 향상에 기여할 수 있을 것이다.

02 선행 연구 검토

1. 언론 신뢰도의 개념과 현황

한국 사회의 낮은 언론 신뢰에 대한 논의와 우려가 지난 몇 년간 계속됐다. 엄밀하게 정의하자면 언론에 대한 신뢰(trust)는 본 연구에서 살펴보고자 하는 언론에 대한 신뢰도(credibility)와는 다르다. 하지만 언론에 대한 신뢰도는 언론 신뢰와 긴밀하게 연결되어 있으며, 언론 신뢰도 향상의 궁극적인 목표는 전반적인 언론 신뢰 향상이라고 할 수 있다. 따라서 이 장에서는 언론 신뢰의 개념에 대해 우선 파악하고, 그와 구분되는 개념으로서 언론 신뢰도에 대해 알아본 후, 신뢰도 향상 방안으로써 뉴스 투명성 강화와 관련한 주요 논의 및 연구 결과를 살펴보고자 한다.

1) 언론 신뢰도와 언론 신뢰

(1) 언론 신뢰의 개념과 특징

신뢰도를 이해하기 위해서는 우선 인접 개념인 신뢰(trust)에 대해 살펴볼 필요가 있다. 언론 신뢰와 관련한 논의가 활발하게 진행되고 있고 최근 언론 신뢰를 정의하려는 의미 있는 시도가 이어지고 있음에도(예: 오현경, 2022; Fisher, 2016; Kohring & Matthes, 2007; Strömbäck et al., 2020), 언론을 신뢰하거나 신뢰하지 않는 태도의 본질이 무엇인지에 대한 일관된 정의는 여전히 부재한 상황이다.

신뢰는 사회학, 심리학, 경제학의 관점에서 제각각 정의되고 있는데 그 다양한 견해를 종합해 몇 가지로 그 특징을 추려볼 수 있다. 첫 번째는 신뢰는 관계를 전제로 한다는 것이다. 신뢰는 일반적으로 두 명 이상의 행위자(사람 또는 조직) 간 상호작용에 기반하며, 호혜성을 바탕으로 형성되는 태도다(Osburg, 2019). 두 번째 특징은 신뢰는 미래에 대한 '기대'에 기반한 태도라는 것이다. 이 기대는 해당 대상과 관계를 맺음으로써 미래에 얻을 것이 잃을 것보다 많을 것이라는 판단(Gambetta, 1988; Patterson, 1999), 그리고 신뢰하는 상대가 사적인 이익을 얻기 위해 관계를 악용하지 않을 것이라는 판단(Lewicki et al., 1998; Osburg, 2019)에 기반해 형성된다. 이를 언론 신뢰 상황에 적용하면 시민들이 언론을 이용함으로써 얻는 것이 잃는 것보다 많을 것이라고 기대할 때, 언론이 사적인 이익을 위해 시민들을 이용하지 않을 것이라고 기대할 때 신뢰가 형성된다.

세 번째 특징은 불확실성의 수용이다. 신뢰가 미래에 대한 기대에 바탕하고 있음을 고려하면 신뢰의 결과가 무엇인지에 대해 누구도 확신할 수 없다. 게다가 일반 시민들은 개별 언론사나 언론인이 정확히 어떤 과정을 통해 뉴스를 취재하고 생산하는지에 대해 잘 알지도 못하거니와 직접 감시하지도 못하기에, 현재 언론의 행동이 미래에 만족할 만한 결과를 가져올지 예측할 근거자료를 충분히 가지고 있지도 않다. 때문에 상대가 나의 기대를 충족하지 못할 가능성이 큰 불확실한 상황 속에서도 상대에 대해 기대하는 것이 신뢰의 본질인 것이다. 때문에 많은 학자들은 상대방이 나의 기대를 충족하지 못할 것에 대한 위험에 기꺼이 취약해지는(vulnerable) 것이 신뢰의 본질이라고 설명한다(Hanitzsch et al., 2018; Mayer et al., 1995). 신뢰와 관련해 마지막으로 언급할 지점은 신뢰가 있을 때 사회적 복잡성(social complexity)이 감소한다는 점이다(Barber, 1983). 불확실성을 감수하면서도 시민들이 언론을 비롯한 민주주의 기구를 신뢰할 때 비로소 사회 구성원이 협력하며 발전을 도모할 수 있다.

최근 학자들이 제시하고 있는 언론 신뢰에 대한 정의는 이 특징들을 반영한다. 파지 등(Fawzi et al., 2021)은 "미디어가 만족스럽게 기능할 것이라는 기대에 따라 개인이 미디어에 기꺼이 취약해지고자 하는 마음"(p. 156)이라고 언론 신뢰를 정의했고 하니치 등(Hanitzsch et al., 2018, p. 3)은 언론 신뢰를 "언론이 역할을 만족스럽게 수행할 것으로 기대하고, 뉴스 콘텐츠의 영향을 기꺼이 받아들이겠다는 수용자의 의지"라고 정의한 바 있다.

(2) 한국의 언론 신뢰 현황

대한민국의 언론 신뢰는 매우 낮은 수준이다. 영국 옥스퍼드대 부설 로이터 저널리즘 연구소에서 매년 전 세계 디지털 뉴스 이용자를 대상으로 실시하는 뉴스 신뢰 조사 결과, 2024년 기준 뉴스 전반에 대해 신뢰한다고 답한 한국 응답자는 31%로, 신뢰 정도를 순위로 따지자면 조사 대상 47개국 중 38번째였다. 아시아·태평양 11개 국가·지역 중에서는 가장 낮은 수준이었다(Reuters Institute for the Study of Journalism, 2024).

글로벌 홍보컨설팅사 에델만(Edelman Trust Institute, 2024)에서 매년 실시하는 국가, 기업, 미디어에 대한 전반적인 신뢰 조사에서도 미디어를 신뢰하는 한국 응답자는 37%로 전체 조사 대상국 중 하위권에 속했다(〈그림 2-1〉 참조)[1].

---

1) '해당 기구가 올바른 일을 할 것으로 믿는 정도(how much you trust that institution to do what is right?)'를 9점 척도로 측정한 후, 상위 4개 척도로 응답한 이들을 신뢰하는 이들로 분류해 그 비율을 계산했다.

〈그림 2-1〉 에델만의 신뢰지수 조사 중 미디어에 대한 신뢰지수 조사 결과

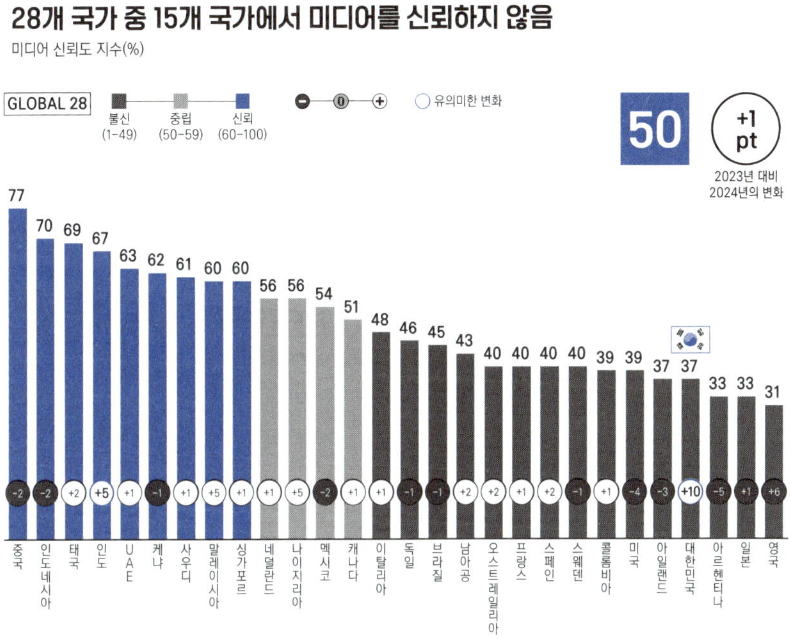

출처: Edelman Trust Institute (2024)

매년 전국 성인남녀를 대상으로 뉴스 이용 행태, 언론에 대한 인식 등을 측정하는 한국언론진흥재단 언론수용자조사(한국언론진흥재단, 2023)에서 5점 척도로 뉴스 및 시사정보 전반에 대한 신뢰(1: 전혀 신뢰하지 않는다; 5: 매우 신뢰한다)를 측정한 결과 그 점수는 3.27점으로 보통보다 약간 높은 정도였다(〈그림 2-2〉 참조). 언론인에 대한 신뢰(2.98점)는 의료인(3.59점), 교육자(3.43점), 법조인(3.16점)에 대한 신뢰보다 상대적으로 낮아, 조사대상 10개 직업군 중 6위에 그쳤다(〈그림 2-3〉 참조).

〈그림 2-2〉 **뉴스 및 시사정보 전반에 대한 신뢰도**

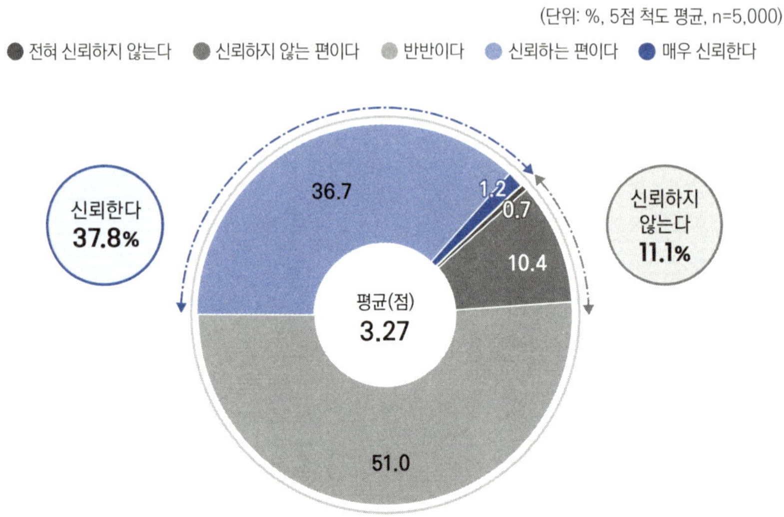

*문 79 귀하께서는 뉴스 및 시사정보 전반과 실제 이용하는 뉴스 및 시사정보에 대해 얼마나 신뢰하십니까?

출처: 한국언론진흥재단 (2023)

〈그림 2-3〉 **언론인에 대한 신뢰도**

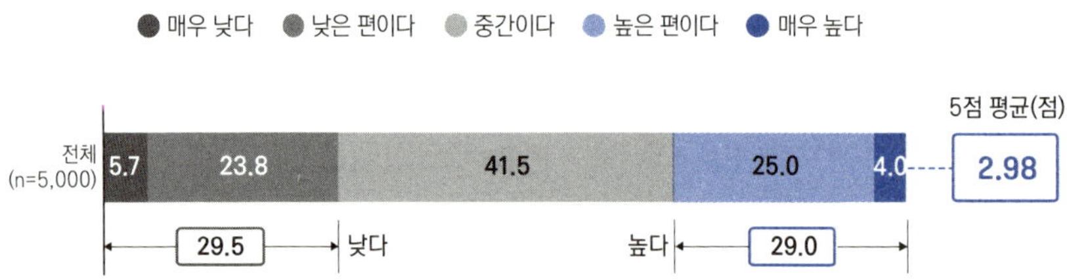

출처: 한국언론진흥재단 (2023)

(3) 언론 신뢰도와 언론 신뢰의 관계

불확실성에도 불구하고 특정 대상에 대해 기대하는 것이 신뢰의 본질이긴 하지만 사람들이 아무 근거 없이 언론을 신뢰할 수는 없다. 뉴스 이용자는 언론에 대한 자신의 신뢰를 정당화하고 위험을 보상할 수 있는 단서를 찾고자 하는 데, 많은 이가 의존하는 단서는 언론의 과거와 현재에 대한 평가다(Kohring, 2019). 이처럼 과거부터 지금까지 언론이 수행해 온 역할에 대한 평가가 바로 언론 신뢰도다.

〈표 2-1〉 언론 신뢰도의 인접 개념들

구분	용어	설명	출처
신뢰 (trust)	언론 신뢰 (media trust)	특정 언론사가 만족스럽게 기능할 것이라는 기대하에 해당 언론사가 제공하는 뉴스 콘텐츠의 영향을 기꺼이 자발적으로 받아들이고자 하는 수용자의 의향	Hanitzsch et al., 2018
신뢰도 (credibility)	신뢰도/공신력 (credibility)	어떤 사건이나 사실 등에 관해 수용자가 개인이나 기관, 그리고 그들의 소통적 산물(문서, 시청각 자료 등)에 부과하는 속성	Bentele & Seidenglanz, 2008
	지각된 신뢰도/공신력 (perceived credibility)	신뢰도(credibility)가 객관적 속성이라면, 현실적으로 사람마다 대상의 신뢰도를 다르게 지각한다는 점에서 주관적 속성인 지각된 신뢰도(perceived credibility)를 측정	Gunther, 1992
	정보원 신뢰도/공신력 (source credibility)	메시지 정보원/출처에 대해 지각된 전문성과 신뢰성(trustworthiness). 발화자/전달자의 신빙성(believability)에 관한 수용자의 판단	Hovland et al., 1959; O'Keefe, 2002
신뢰감 (trustworthi-ness)	지각된 신뢰감 (perceived trustworthiness)	신뢰도(credibility)를 구성하는 두 가지 속성(expertise, trustworthiness) 중 하나로서 사안에 대하여 진실을 이야기하고자 하는 화자의 동기에 대한 지각. 상대방에 대한 설득적 의도가 없는 불편부당성으로 조작적 정의	Gaziano & McGrath, 1986; Hovland et al., 1959; Tsfati & Ariely, 2014
신빙성 (believability)	지각된 신빙성 (perceived believability)	상충되는 뉴스 기사들을 접했을 때 상대적으로 가장 믿을 수 있는 매체가 무엇인지를 측정. 신뢰도의 한 단면으로서 얼마나 믿을 만한지(believable)의 단일 척도로 측정	Jacobson, 1969; Robinson & Kohut, 1988
신뢰도 (reliability)	신뢰도 (reliability)	오랜 시간에 걸쳐 제도 및 그 제도의 생산물이 갖고 있는 품질의 일관성에 대해 수용자가 갖는 신뢰. 주로 초기의 연구에서 발견되는 용어로, 양적 연구방법에서 사용되는 '타당도 및 신뢰도' 개념과의 혼란을 피하기 위해 이후의 연구에서는 거의 발견되지 않음	Taylor, 1986
진실성 (truthfulness)	지각된 진실성 (perceived truthfulness)	신뢰 형성에 관여하는 세 가지 범주(신용, 정서, 이성) 중에서 정서적 측면에 속하며, 진실성(truthfulness)은 신념, 정직과 함께 파토스(pathos)에 영향을 주는 속성	Meck, 2019

출처: 오현경(2022) 참조해 재가공

신뢰도는 미래지향적 개념인 신뢰와 달리 과거중심적이라는 특징을 가지며, 언론에 대한 신뢰의 태도를 결정하는데 있어 중요한 단서로 작용한다. 이에 스트룀백 등(Strömbäck et al., 2020)은 뉴스 신뢰도에 대해 “사람들이 (뉴스) 미디어에 대한 신뢰를 평가하는 데 사용하는 단서를 함축한 것”(p. 141)이라고 정의한다. 사람들은 특정 매체가 생산하는 뉴스 콘텐츠의 신뢰도가 일관되게 높다고 평가할 때 해당 매체를 신뢰한다(Otis, 2024). 즉 신뢰도는 사람들이 신뢰를 결정하는 중요한 기반이라고 이해할 수 있다(Masullo et al., 2022; Peifer & Meisinger, 2021). 이처럼 신뢰도를 기반으로 신뢰가 형성된다는 점에서 연구자들은 신뢰도를 신뢰의 선행적 개념이자 하부구조로 이해하기도 한다. 즉 신뢰는 신뢰도에 비해 좀 더 광범위한 동시에 추상적인 개념이라는 것이다(Fawzi et al., 2021; Van Dalen, 2019).

하지만 신뢰에 대한 개념 정의가 그러하듯 신뢰도에 대한 정의 역시 아직 명확하지 않은 터라 이 둘의 관계에 대한 이견도 존재한다. 신뢰는 대상의 범주가 넓고 지각되지 않는 부분까지 포함하는 반면 신뢰도는 범주가 좁고 지각된 부분에 한해서만 측정할 수 있다는 점에서 신뢰를 신뢰도의 상위개념으로 보는 견해가 우세하긴 하다(오현경, 2022). 하지만 신뢰하는 대상이 정보를 제공할 때 해당 정보에 대한 신뢰도가 높아지는 터라 신뢰가 신뢰도의 선행개념이라고 보는 견해도 존재한다(오현경, 2022). 용어 자체와 관련한 혼란도 존재한다. 신뢰감(trustworthiness), 신빙성(believability), 신뢰도(reliability), 진실성(truthfulness) 등 신뢰도와 비슷한 맥락에서 사용되는 인접 용어가 다수 존재한다. 또한 신뢰도(credibility)를 공신력이라고 번역하는 경우도 있다. 관련 논의는 〈표 2-1〉에 제시되어 있다.

2) 언론 신뢰도의 구성요소와 대상

(1) 언론 신뢰도의 구성요소

신뢰도 개념은 설득 연구에 기반하고 있다. 관련 개념을 처음 제시한 호블랜드 등(Hovland, Janis, & Kelley, 1953)은 정보를 제시하는 정보원에 대한 신뢰도에 초점을 맞췄다. 이들은 정보원 신뢰도(source credibility)가 메시지의 설득력 정도에 영향을 주는데 특히 정보원의 전문성(expertise)과 믿음직함(trustworthiness)이 신뢰도를 결정한다고 설명했다. 이후 신뢰도 관련 연구는 메시지를 전달하는 미디어나 플랫폼에 대한 신뢰도, 메시지 자체에 대한 신뢰도 연구로 확대됐다. 이에 메츠거 등(Metzger et al., 2003)은 신뢰도는 정보원, 메시지, 미디어에 대한 신뢰도로 구분해 생각할 수 있다고 설명했다. 정보원 신뢰도는 메시지에 담긴 정보를 전달한 주체에 대한 신뢰도를 의미하는데, 특히 정보 제공자가 정확하고 질 높은 정보를 제공할 능력과 동기를 지니고 있는지 여부를 중요하게 여긴다. 메시지 신뢰도(message credibility)는 콘텐츠 자체에 대한 신뢰도 정도를 의미하며, 미디어 신뢰도(media credibility)는 정보를 전달하는 여러 다른 포맷(신문, 라디오, TV, 인터넷 등)에 대한 신뢰도 정도를 뜻한다.

언론 신뢰도 측정은 언론의 생산물 및 언론의 평소 역할 수행과 관련한 다양한 측면을 평가하는 방식으로 이뤄진다. 예를 들어 가지아노와 맥그라스(Gaziano & McGrath, 1986)가 제안한 뉴스신뢰도지수(news credibility scale)는 (언론이) '공정하다', '편향되지 않았다', '사건의 전체를 이야기한다', '정확하다', '사생활을 존중한다', '독자들의 이익을 반영한다', '공동체의 안녕에 관심을 가진다', '사실과 의견을 분리한다', '신뢰할 수 있다', '공익을 고려한다', '사실적이다', '잘 훈련되었다' 등 12가지 측면에 대한 응답자의 부정적 또는 긍정적 평가 정도에 바탕해 신뢰도를 측정하는 방식이다. 이후 연구자들은 가지아노와 맥그라스의 질문 12개 중 다섯 가지(사실성, 공익성, 사생활 존중, 공동체 관심, 신뢰)를 선별적으로 질문해 언론 신뢰도를 측정하기도 했고 (Kiousis, 2001), 네 가지(공정, 정확, 사건 전체를 이야기, 신뢰) 측면에 집중해 측정한 예도 있다(Tsfati & Cappella, 2003). 가지아노와 맥그라스 질문의 축약형 가운데 빈번하게 사용되는 메이어의 신뢰도 측정지수는 '공정', '편향되지 않음', '사건의 전체를 이야기', '정확함', '신뢰'에 집중해 측정했다 (Meyer, 1988). 흥미로운 점은 가지아노와 맥그라스(Gaziano & McGrath, 1986)의 측정법 및 이에 바탕을 둔 다른 측정법 모두가 언론을 '신뢰'하는지 여부를 언론에 대한 '신뢰도' 측정을 위한 질문에 포함하고 있다는 점이다. 이는 과거 연구자들이 신뢰와 신뢰도를 엄격하게 구분하지 않았을 뿐 아니라 그 둘을 상호호환적 개념이라 여겼을 가능성을 보여준다.

신뢰도를 구성하는 다양한 측면에 대한 요인 분석(factor analysis)을 통해 신뢰도의 하부구조를 밝히려는 시도도 있다. 예를 들어 코링과 마테스 (Kohring & Matthes, 2007)는 언론의 주된 역할 중 하나가 '정보의 선택과 전달'에 있다는 점에 집중해[2] 언론 신뢰를 언론의 선택성에 대한 신뢰로 정의했다. 이어 연구자들은 요인 분석을 통해 언론의 선택성에 대한 신뢰도는 언론의 이슈선택성, 사실선택성, 표현정확성, 논평에 대한 신뢰 등 4가지 하위 차원으로 구별할 수 있다고 밝혔다.

하지만 요인 분석으로 신뢰도의 차원을 살펴보려는 시도의 한계를 지적한 연구자도 있다. 예를 들어 웨스트(West, 1994)는 요인 분석 기법은 척도 구성을 위한 초기 가설 수립 단계에서는 유용하지만, 척도의 타당도와 신뢰도를

---

2) 엄밀히 신뢰의 하부구조를 밝히고자 한 시도지만, 이들의 연구는 언론의 행위에 대한 평가를 다룬 터라 신뢰도의 하부구조를 밝힌 것에 가깝다. 이에 신뢰도의 구성요소와 관련한 논의에서 해당 연구를 소개했다.

확인할 수 없다고 말했다. 연관해서 신뢰도의 차원을 구별하지 말아야 한다는 논의 또한 존재한다(Prochazka & Schweiger, 2017; Yale et al., 2015). 예일 등(Yale et al., 2015)은 신뢰도의 하위 차원들 사이에 높은 상관관계가 존재하기 때문에 신뢰도 척도를 변수로 사용할 때는 단일 요인으로 측정할 것을 권고했다. 언론 신뢰와 관련한 문헌들의 주요 논의는 〈표 2-2〉에 정리하였다.

〈표 2-2〉 언론 신뢰도의 구성요소와 관련한 주요 논의

개념	측정 항목	출처
정보원 신뢰도 (source credibility)	- 전문성(expertise) - 믿음직함(trustworthiness)	Hovland et al., 1953
신뢰도 (credibility)	- 공정하다(fair) - 편향되지 않았다(unbiased) - 사건의 전체를 이야기한다(tells the whole story) - 정확하다(accurate) - 사생활을 존중한다(respects people's privacy) - 독자들의 이익을 반영한다(watch after readers'/viewers' interests) - 공동체의 안녕에 관심을 가진다(concerned about the community's well-being) - 사실과 의견을 분리한다(separate fact and opinion) - 신뢰할 수 있다(can be trusted) - 공익을 고려한다(concerned about the public interest) - 사실적이다(factual) - 잘 훈련되었다(well-trained reporters)	Gaziano & McGrath, 1986
신뢰도 (credibility, believability)	- 공정성(fair) - 편향성(unbiased) - 완결성(tells the whole story) - 정확성(accurate) - 신뢰성(can be trusted)	Meyer, 1988
신문 신뢰도 (newspaper credibility)	- 균형성(balance) - 정직성(honesty) - 시의성(currency)	Abdulla et al., 2005
뉴스 미디어에 대한 신뢰 (trust in news media)	- 이슈선택성에 대한 신뢰(중요하고 관련성 있는 사안을 보도했는지) - 사실선택성에 대한 신뢰(중요한 사실을 완결적으로 다루고 다양한 관점을 제시했는지) - 표현정확성에 대한 신뢰(검증 가능한 사실을 보도하고 정확한 정보를 다뤘는지) - 논평에 대한 신뢰(비평이 적절하며 근거를 갖추었는지)	Kohring & Matthes, 2007

언론 신뢰도 구성요소와 관련해 국내에서 발표된 주목할 만한 결과로는 민영(2016), 오세욱, 송해엽(2018)의 연구가 있다. 민영(2016)은 언론이 사회적 기대에 부합하는 방향으로 작동하는지에 대한 수용자의 평가를 저널리즘 전문성으로 개념화하고, 그 세부 분야를 객관성, 균형성, 정확성, 다양성, 공익성 등 다섯 가지로 나눠서 평가했다. 엄밀하게 신뢰도의 하부요인을 살펴본 시도는 아니지만 저널리즘 전문성이 신뢰도의 개념과 긴밀하게 연관되어 있다는 점을 고려하면 객관성, 균형성, 정확성, 다양성, 공익성 등을 신뢰도의 중요한 요소로 이해했다고 볼 수 있다.

좋은 뉴스 선별 알고리즘을 개발하려는 목적으로 한국언론진흥재단이 수행한 '뉴스 트러스트 사업'에서는 사실성, 투명성, 다양성, 균형성, 독창성, 중요성, 심층성, 독이성, 유용성, 선정성, 반복성[3] 등 11개 가치를 뉴스 콘텐츠의 신뢰도 측정 항목으로 제안했다(오세욱·송해엽, 2020). 이 11개의 가치를 가지아노와 맥그라스(Gaziano & McGrath, 1986)가 제안했던 전통적인 언론 신뢰도 요소와 비교해 보면 투명성, 독창성, 독이성, 유용성, 선정성, 반복성과 같은 새로운 신뢰도 평가 요소가 포함되어 있음을 알 수 있다. 과거에 비해 기사의 양은 폭증했으나, 비슷하고, 유용하지 않고, 선정적인 기사가 범람하는 인터넷 뉴스 환경에서 뉴스 신뢰도 평가기준이 변화하고 있음을 보여주는 결과다. 이러한 논의 내용은 〈표 2-3〉에 정리하였다.

3) 선정성과 반복성은 낮을수록 신뢰도가 높은 기사로 간주한다.

〈표 2-3〉 언론 신뢰도의 하부구조와 관련한 주요 국내 논의

개념	측정 항목	출처
저널리즘 전문성	- 객관성(진실을 전달하기 위해 객관적인 태도로 보도) - 균형성(어떤 입장에도 치우치지 않고 중립적으로 보도) - 정확성(사실에 기초하여 정확한 내용을 보도) - 다양성(소수 의견이나 사회적 약자의 입장을 잘 대변) - 공익성(자사 이익보다 국민과 사회 전체의 이익을 추구)	민영, 2016
뉴스신뢰도	- 사실성(사실에 기초했는지 확인 또는 검증할 수 있는 장치 마련) - 투명성(기사 작성자, 기사 작성에 필요한 자료의 습득 과정 등을 명확하게 밝힌 정도) - 다양성(다양한 관점이 제시된 정도) - 균형성(이해가 상충되는 쟁점 사안에 대해 여러 시각, 의견, 이해관계를 치우침 없이 고르게 반영) - 독창성(기존 뉴스와 차별적인 정보를 제공) - 중요성(공동체의 안녕과 공익에 영향) - 심층성(사안을 깊이 이해하는 데 필요한 정보를 제공) - 독이성(기사를 읽기 쉽고 명확하게 이해할 수 있도록 구성) - 유용성(이용자의 관심과 주목을 끌 만한 내용을 포함) - 선정성(기사 내용이 사회적·윤리적 가치에 반하거나 사실을 지나치게 과장 왜곡 혹은 선정적 표현 사용) - 반복성(기존 기사와 거의 같은 내용을 반복 생산)	오세욱, 송해엽, 2020

(2) 언론 신뢰도의 대상

언론 신뢰도와 관련한 또 다른 고민 지점은 신뢰도 평가의 대상이다. 언론 신뢰도를 평가할 때 이는 언론 전반에 대한 신뢰도 평가일 수도 있고, 특정 언론사 또는 언론인, 좁게는 특정 기사에 대한 신뢰도 평가가 될 수도 있기 때문이다. 이에 스트룀백 등(Strömbäck et al., 2020)은 언론 신뢰에 있어 가장 기본적인 대상은 수용자가 가장 직접적으로 접하는 콘텐츠, 즉 뉴스 기사에 대한 신뢰도이며, 이어서 언론인에 대한 신뢰, 개별 언론사 브랜드에 대한 신뢰, 미디어 유형에 대한 신뢰, 마지막으로 언론 전반에 대한 신뢰로 확장해 생각할 수 있다고 말한다. 정보원 신뢰도 연구에서도 신뢰의 대상을 개인적 수준(특정 언론인), 조직 수준(특정 뉴스 매체), 기구 수준(뉴스 미디어 산업 전반)으로 나눠 살펴봐야 한다고 제안한 바 있다(Metzger et al., 2003). 때문에 스트룀백 등(2020)은 신뢰의 대상을 계층화하고, 신뢰와 관련한 측정 척도를 구성할 때 이러한 층위를 고려할 것을 제안했다(〈그림 2-4 참조〉).

〈그림 2-4〉 신뢰도 대상의 차원

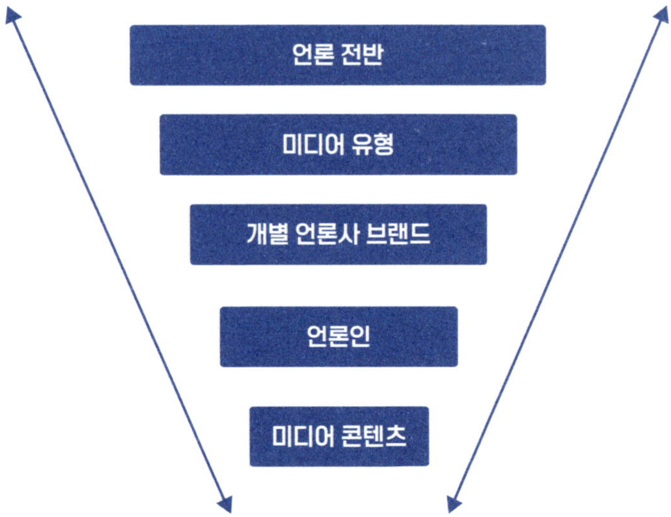

출처: Strömbäck et al. (2020) 참조해 재가공

뉴스 환경 변화로 인해 신뢰도 측정은 날로 더 복잡해지고 있다. 예를 들어 뉴스 콘텐츠 신뢰도의 경우 뉴스 콘텐츠에 대한 정의가 날로 모호해지고 있다는 문제가 있다. 네덜란드 청년들을 대상으로 실시한 심층 인터뷰 연구(Swart & Broersma, 2024)는 청년들이 뉴스라 받아들이는 콘텐츠의 종류와 범위가 기성세대와 다를 수 있음을 보여준다. 연구 결과 청년들은 전형적인 뉴스가 무엇인지에 대해서 알고는 있으나 실생활에서 이들이 접하는 뉴스는 이 전형적인 뉴스와 간극이 있었다. 때문에 청년들은 뉴스에 대한 정의를 둘러싸고 끊임없는 협상의 과정을 경험하고 있다고 연구자들은 설명하는데, 뉴스와 뉴스 아닌 것의 경계가 모호해진 상황이 만들어낸 현상이라 할 수 있다. 국내 상황에 적용해 이해해 보면 한국의 청년들은 소셜 미디어 등을 통해 접하는 커뮤니티발 짜깁기 정보나 취재 없이 받아쓰는 유사언론의 정보, 사실 확인 없이 일반 시민들이 옮기는 정보를 두고 뉴스인지 아닌지 고민하고 있을 가능성도 있는

것이다. 이때 이들 청년을 대상으로 언론 신뢰도를 측정할 경우, 이들이 어디까지를 뉴스 또는 언론이라 이해하는지에 따라 신뢰도 평가도 달라질 수 있다. 예를 들면 저질의 짜깁기 정보나 유사언론의 보도를 주로 이용하고 이 역시 뉴스 콘텐츠라고 여기는 응답자의 경우 언론 신뢰도 평가가 자연히 낮을 수밖에 없다.

언론 신뢰도에 대한 질문을 받았을 때 응답자가 정확히 무엇을 떠올리며 답하는지도 모호하다. 미국 시민 60명을 대상으로 실시한 심층 인터뷰 연구 결과는 언론에 대한 이용자의 반감은 뉴스 자체보다는 뉴스가 전달하는 취재원에 대한 반감, 기자들이 지닌 편견에 대한 반감에 바탕하고 있음을 보여준다(Nelson & Lewis, 2023). 즉 이 결과는 뉴스에 대한 신뢰도를 물을 경우, 응답자들이 실제 뉴스 콘텐츠에 대한 신뢰도를 평가하는 건지 아니면 뉴스 환경을 둘러싼 외부적 요인을 떠올리며 답을 하는지 명확치 않을 수도 있음을 보여준다.

2. 뉴스의 품질과 언론 신뢰도

오랫동안 많은 학자들은 뉴스 콘텐츠의 품질을 높임으로써 언론 신뢰도를 향상시킬 수 있다고 제안해 왔다(예: 김위근 외, 2018; 민영, 2016; 반현, 2003). 공정성, 편향되지 않음, 완결성, 정확성처럼 신뢰도의 하부요소로 언급되는 측면의 질을 높이면 자연스럽게 시민들의 언론에 대한 신뢰도가 높아질 것이라는 소리다. 하지만 뉴스 콘텐츠의 품질 향상과 언론 신뢰도의 관계에 대한 논의는 많은 경우 규범적인 차원에서 이뤄졌을 뿐, 과연 품질 향상이 신뢰도 향상으로 이어지는지에 대한 실증적 검증은 풍부하게 이뤄지지 않았다. 하지만 최근 들어 신뢰도의 다양한 차원 중 특히 뉴스 투명성에 대한 관심이 커지면서 투명성 제고가 신뢰도에 미치는 영향에 대한 실증적 연구 결과가 축적되고 있다.

1) 신뢰도 향상의 요인으로서 투명성

투명성(transparency)은 언론 신뢰도 하락의 해결책으로 빈번하게 언급된다. 특히 투명성은 오랫동안 저널리즘의 중요한 규범으로 언급되어 온 객관성(objectivity)을 대체할 원칙으로 논의되고 있다. "투명성은 새로운 객관성"이라는 선언도 등장했을 정도다(Weinberger, 2009). 편향되지 않음, 균형성, 공정성, 사실과 의견 분리 등과도 긴밀하게 연결된 원칙인 객관성은 오랫동안 언론의 질을 평가하는 대표적 기준이었다(Mindich, 1998; Schudson, 2001). 객관성은 엄밀히 말해 기자나 기사나 절대적으로 객관적이 되어야 하거나 될 수 있음을 강조하는 원칙이라기보다는 기자가 섣부른 예단에서 벗어나 정보에 대한 철저한 검증을 통해 사건의 본질에 더 가까이 갈 것을 주문하는 원칙이다.

21세기 들어 저널리즘 원칙으로서 객관성은 많은 공격을 받는다. 매우 중요한 가치이긴 하나 언론이 일상적으로 추구하기에는 너무도 이상적인 목표인 터라, 객관성은 실체가 없는 신화가 되어버렸다는 비판도 있다(Ward, 2008). 또한 일상적 취재 보도 활동에서 추구하기에는 너무 추상적이라는 점 때문에 언론인들이 왜곡된 방식으로 객관성을 추구하면서 도리어 부작용을 낳았다. 언론인들이 객관성을 추구한다는 명목으로 기계적 중립, 기계적 균형을 따르면서 도리어 사안의 본질을 파악하지 못하고, 좋은 관점을 제시하지 못하고, 감시 기능에 태만한 기사를 양산하는 결과로 이어졌다는 것이다(Kovach & Rosenstiel, 2014).

인터넷의 등장과 함께 객관성의 원칙에 대한 이용자의 불만도 커졌다. 인터넷을 통해 정보를 접하고 가공하는 일반 시민의 능력이 향상하면서 이들 사이에서 언론이 실제로 어떻게 정보를 모으고 기사화하는지, 그 과정이 잘 이뤄지고 있는지에 대해 알고 싶은 욕구가 커졌다. 객관성 원칙이 이용자의 신뢰도를 높이기 위해 중요하다면서도 취재, 보도 과정에서 이 객관성이 잘 실행되고 있는지 파악할 기회를 이용자들에게 제공하지 않았기 때문이다.

〈표 2-4〉 **투명성의 종류**

투명성 종류	설명	방식
공개 투명성	- 뉴스 생산 과정을 이용자들에게 알려주는 것	취재 기자 정보 공개, 관련 기사 및 문서의 하이퍼링크 제시, 수정 내역 제시, 취재 과정 공개, 취재 관련 의사결정 과정 공개, 취재원 관련한 추가 정보 제공
참여 투명성	- 뉴스 생산 과정에 이용자를 참여시키는 것	토론이나 댓글 기회 이용자에게 제공, 이용자 기고기사 출판, 이용자에게 기사 오류 신고 기회 제공
환경적 투명성	- 뉴스의 본질에 대해 좀 더 깊이 이해할 수 있게 하는 것	의견 기사 표시, 기사에 대한 기자의 개인적 해석이나 의견 제시

출처: Karlsson(2010. 2020) 참조

이에 주목 받은 원칙이 투명성이다. 투명성은 기본적으로 뉴스를 취재하고 보도하는 과정을 뉴스 이용자들에게 투명하게 보여줌으로써 기사가 어떻게 생산되었는지, 기사와 관련한 다양한 의사결정은 어떻게 이뤄졌는지에 대한 정보를 이용자들과 공유하는 것을 의미한다(Kovach & Rosenstiel, 2014). 칼손(Karlsson, 2010. 2020)은 투명성을 언론사가 뉴스 생산 과정에 대해 하이퍼링크, 수정 내역, 정보수집 과정에 대한 설명 등을 통해 알리는 '공개 투명성(openness transparency)', 토론이나 댓글, 독자 기고기사 출판과 같이 뉴스 생산 과정에 뉴스 이용자를 참여시키는 '참여 투명성(participatory transparency)', 각각의 기사가 기자의 주관적 생각을 담은 의견 기사인지 아니면 사실에 바탕한 스트레이트 기사인지 등을 명확히 표시하거나, 기자가 기사와 관련한 추가적 해설이나 견해를 제공해 이용자들이 뉴스가 지닌 의미를 좀 더 깊게 이해할 수 있도록 돕는 '환경적 투명성(ambient transparency)'으로 나눌 수 있다고 소개했다. 이 중 환경적 투명성은 가장 늦게 주목받은 투명성 실천 방식이다.

이 중 언론사가 좀 더 흔하게 실행하고 있는 종류의 투명성 원칙은 공개 투명성(Curry & Stroud, 2021; Vos & Craft, 2017)이다. 언론사는 주로 기사 수정, 취재 기자 정보 공개, 관련 기사 및 문서의 하이퍼링크 제시, 취재 과정 공개, 취재 관련 의사결정 과정 공개, 취재원 관련한 추가 정보 제공 등 뉴스를 생산하는 과정을 더 많이 공개하는 방식으로 투명성을 실천한다. 언론사들이 흔히 도입하는 이 같은 공개 투명성 방침을 두고 언론이 기사 생산 및 발간과 관련한 좀 더 내밀한 의사결정 과정은 드러내지 않은 채 비교적 위험성이 낮은(low-risk) 방식의 투명성을 실천하고 있다고 보는 의견도 있다(Varnum et al., 2024).

투명성은 완전한 저널리즘의 규범으로 자리잡은 원칙이라기보다는 현재 규범으로 발전하고 있는 과정에 있는 원칙이라고 볼 수 있다(Masullo et al., 2022). 마술로 등(Masullo et al., 2022)은 저널리즘 규범으로서 투명성은 대인커뮤니케이션(interpersonal communication)과 위기커뮤니케이션(crisis communication)의 영향이 크다고 설명한다. 대인커뮤니케이션에서는 정보를 공개할수록 상대방이 정보를 공개하는 주체를 신뢰하고 긍정적으로 생각한다고 여기고, 위기커뮤니케이션에서도 위기 관련 정보를 투명하게 공개하는 것이 사람들의 긍정적 인식 전환을 가능케 한다고 본다(Collins & Miller, 1994; Wheeless & Crotz, 1976). 일견 투명성은 기존의 저널리즘 수행 방식과 배치되는 원칙으로 보인다. 저널리즘은 기본적으로 시민들에게 필요하다고 판단하는 정보는 내보내고, 그렇지 않은 정보는 감추는 '게이트키핑'을 자신들의 고유한 임무로 여긴다. 때문에 왜 언론이 어떤 정보를 선택하고 선택하지 않았으며, 선택한 정보를 어떤 방식으로 보도하는지를 투명하게 밝히는 것은 언론의 고유한 업무 영역에 대한 침해로 여겨질 수도 있다(Johnson & St. John III, 2021).

투명성을 추구함으로써 언론/언론인은 객관성 원칙을 좀 더 일상적으로 실천할 수 있다. 애초 저널리즘에서 객관성을 중시한 이유는 취재방법론적 측면에서의 객관성 추구가 좋은 기사로 이어진다는 생각 때문이다. 취재 과정을 최대한 투명하게 공개함으로써 기자가 임의로 취재 내용을 추가하지도 수용자를 속이지도 않는 것은 사실상 객관성을 추구하는 좀 더 구체적인 방법이라고 할 수 있다.

때문에 투명성 제고가 언론 신뢰도에 긍정적인 영향을 미칠 것이라는 기대가 큰데(Kovach & Rosenstiel, 2014; Media Insight Project, 2018; Silvermanm, 2014, Weinberger, 2009), 과거에는 이용자들에게 언론의 최종 생산물인 기사만을 보고 신뢰해줄 것을 요구했다면 이제는 언론의 취재 과정을 좀 더 드러내 보여주면서 이용자들이 신뢰를 쌓을 근거를 제공하기 때문이다(Hayes et al., 2007). 미국언론협회(American Press Institute)의 설문조사 결과 일반인 응답자의 68%가 투명성이 뉴스미디어의 신뢰도를 평가하는 데 있어 매우 중요하다고 답한 결과를 봐도 일반 시민들도 언론의 투명성 확대에 대한 기대가 큼을 알 수 있다(Young, 2016). 투명성은 기사 보도의 전과 후, 그리고 그 과정을 이용자들에게 알려준다는 측면에서 언론사의 책임성과 연결되어 있는 개념이기도 하다(Karlsson et al., 2017; Singer, 2007).

2) 투명성 강화를 위한 노력

많은 언론사들이 정도의 차이는 있지만 투명성 강화를 위한 노력을 기울이고 있다. 동시에 언론의 투명성 제고 노력을 지원하는 움직임도 있다. 언론 투명성 확대를 통한 신뢰 제고 방안을 모색하는 '더 트러스트 프로젝트(The Trust Project)'는 온라인 직거래 서비스인 크레이그리스트(Craglist)의 재정지원으로 시작돼 〈BBC News〉, 〈National Observer〉, 〈The Toronto Star〉, 〈The Texas Tribune〉, 〈The Economist〉, 〈The Washington Post〉, 〈South China Morning Post〉 등 전 세계 74 언론사의 컨소시엄 형태로 운영되고 있다. 이 프로젝트는 다음과 같은 8개의 투명성 지표를 제시했는데, 이 모든 질문에 긍정적으로 답할 수 있을 때 해당 언론을 신뢰할 만한 동시에 윤리적이라 평가할 수 있다고 설명한다.[4]

① 뉴스의 뒤에는 누가 있는가?
- 독립적이고, 정확하고, 솔직하게 뉴스가 생산되고 있는 언론사인지 확인할 수 있어야 함

② 누가 뉴스를 만들고 있는가?
- 기자들이 명확한 근거와 다양한 관점을 반영해 뉴스를 생산하고 있는지를 확인할 수 있어야 함

③ 뉴스인가? 의견인가? 또는 무엇인가?
- 이용자가 뉴스의 편향성 여부를 확인할 수 있도록 기사가 뉴스인지 의견인지 구분하는 표시를 제공하고 있는지 확인할 수 있어야 함

④ 뉴스의 정보원은 무엇인가?
- 기사 내에 정보원이 명확히 드러나서 이용자가 해당 정보에 대한 신뢰 여부를 결정할 수 있게 하는지 확인할 수 있어야 함

⑤ 어떻게 기사가 만들어졌는가?
- 왜 기자가 이 기사를 보도하기로 선택했고 또 어떻게 보도했는지에 대한 설명이

4) The Trust Project (2021). The 8 Trust Indicators. https://thetrustproject.org/trust-indicators/

포함되었는지 확인할 수 있어야 함

⑥ 현장의 목소리가 들어가 있는가?

- 기자가 소속된 공동체에 대해 이야기를 하고 있거나, 그렇지 않다면 해당 공동체에 속한 사람의 이야기를 기사에 반영하고 있는지 확인할 수 있어야 함

⑦ 누구의 목소리가 뉴스에 포함되어 있으며 누구의 목소리는 빠져 있는가?

- 꼭 들어가야 할 목소리나 특정한 목소리만 빠져 있어서 사건 전체에 대한 파악을 방해하는 것은 아닌지 확인할 수 있어야 함

⑧ 언론사가 내 이야기를 듣는가?

- 언론사가 이용자의 피드백을 받아서 반영하고 있는지 확인할 수 있어야 함

〈그림 2-5〉 더 트러스트 프로젝트(The Trust Project) 참여 언론사 소개

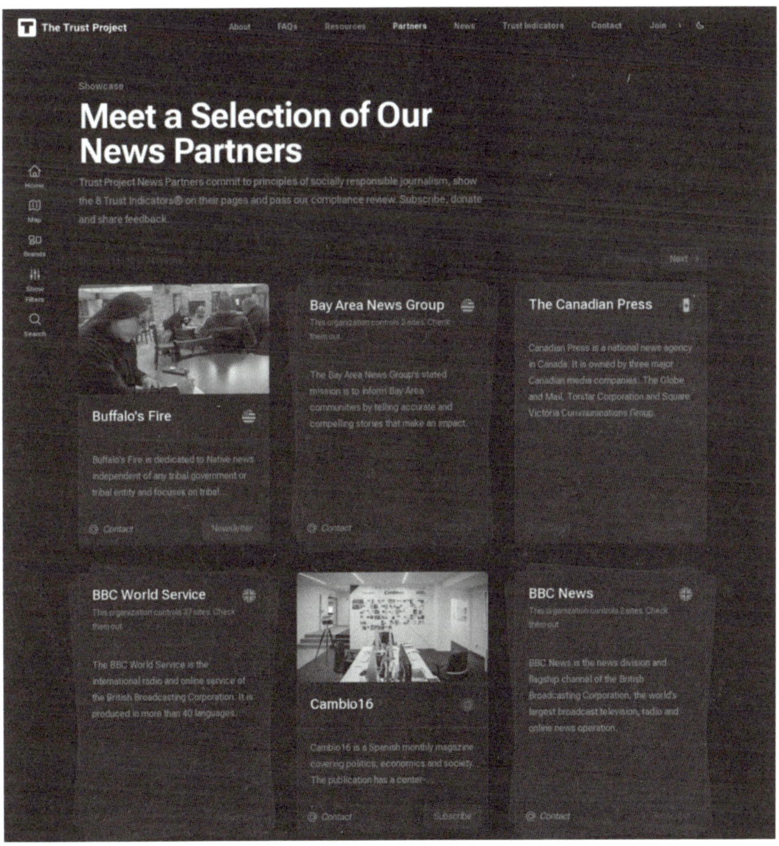

출처: '더 트러스트 프로젝트(The Trust Project)', https://network.thetrustproject.org/

'트러스팅 뉴스(Trusting News)'는 도널드 레이놀즈 저널리즘 협회(The Donald W. Reynolds Journalism Institute)와 미국언론재단(American Press Institute)의 자금 지원을 받아 미국 지역 언론을 대상으로 신뢰도를 높일 방안을 교육하는 기구다. '트러스팅 뉴스'는 웹사이트에서 언론사의 신뢰를 높이는데 도움이 되는 구체적인 실행 방안을 제시한다. 예를 들어 투명성을 실천하는 주요 방안 중 하나인 언론사 기사 수정의 경우 기사 수정 관련 정책, 기사 수정 스타일, 웹사이트 내 기사 수정 관련 정보를 제시할 위치, 이용자의 기사 오류 신고 방식, 기사 수정 관련한 뉴스룸 문화 등과 관련해서 확인할 사항을 조목조목 제시하고 있다. '트러스팅 뉴스'는 각 언론사가 자사의 기사 수정 원칙에 아래 같은 사항이 포함되어 있는지 확인해 볼 것을 권고한다.

〈그림 2-6〉 '트러스팅 뉴스'의 기사 수정 관련 가이드라인

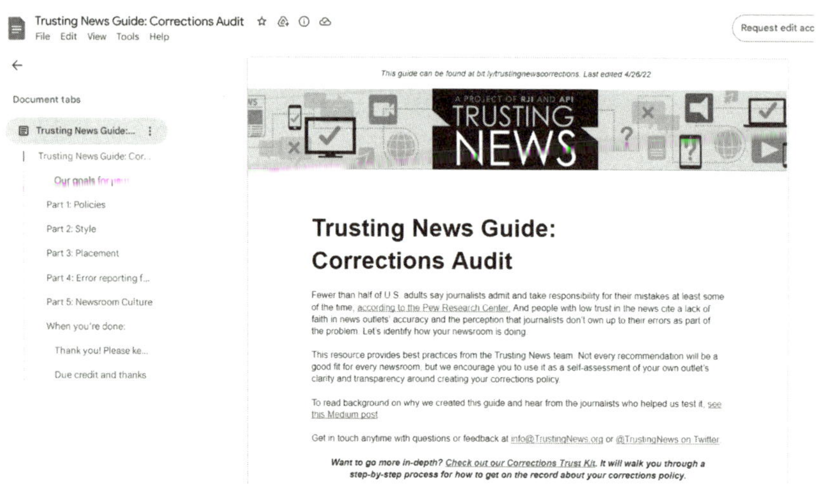

출처: https://docs.google.com/document/d/1rMbYKO6NFxpJ4natKv8vftj_fECmexgObCzh5At7TQ0/edit?tab=t.0

① 공개적인 오류 수정이 어떤 가치를 지녔으며 왜 그것이 당신의 뉴스 조직에 중요한지에 대한 설명
② 수정이 필요하지만 공개적으로 알릴 필요는 없는 종류의 오류에는 어떤 것이 있는지에 대한 설명
③ 공개적으로 수정할 종류의 오류에 대한 설명
④ 속보의 경우 기사 수정의 기준을 어떻게 적용할지에 대한 원칙
⑤ 과거 기사 수정에 대한 원칙
⑥ 기사 수정 정보를 일관되게 서술하고 표시하기 위해 참고할 수 있는 명확한 예
⑦ 정정, 철회, 수정의 차이점에 대한 명확한 설명
⑧ 오류에 대한 유감을 이용자들에게 전할 때 사용하는 표현

〈그림 2-7〉 **투명성상자 구성의 예**

"Explain Your Process" Box

Example of one of the boxes used in the experiments. This box references an article about a hit-and-run accident. Readers either saw this box displayed alongside the article, or they saw the story without the box. Highlighting was used to draw attention to information in the box.

Why and how we're covering this topic

Why we're doing this story
In choosing which crimes to write about, we evaluate if there is an ongoing threat to public safety and prioritize covering those that do. This crash left a driver in critical condition, and the suspect is still at large.

How we're doing this story
All the information in this story was gathered from interviews with Fairview police or police reports from that department. We often do not publish suspect mugshots, but we did in this case so the community can help police find him.

Our approach to covering crime
We are working on an FAQ about which crimes we report, what information we include and the goals and ethics that guide us. If you have a question you'd like to see answered, please post it in the comments.

출처: '트러스팅 뉴스(Trusting News). 소위 투명성상자 형태로 해당 기사를 왜 취재하게 되었고 어떻게 취재했는지 설명할 때 참조할 수 있는 예시임

더불어 '트러스팅 뉴스'는 투명성 요소를 뉴스 안에 어떻게 제시할지에 대한 상세한 교육 자료도 제시한다. 예를 들어 투명성 정도를 이용자들에게 보여주는 각각 다른 방식이 있는데, 소위 '투명성상자(transparency box)'라 불리는 형태로 정보를 상자에 넣어 제시할 수도, 기사 앞부분에 제시할 수도, 방송뉴스의 경우 기자가 직접 이야기할 수도, 기사 본문에 넣을 수도 있다. 〈그림 2-7〉, 〈그림 2-8〉, 〈그림 2-9〉는 '트러스팅 뉴스'가 소개한 예다.

〈그림 2-8〉 기사 앞부분에 투명성 관련 정보를 제시한 예

A Seattle Times reporter and photojournalist traveled to South Africa to show you how Seattle scientists are working with residents of the country's poorest townships. The goal: an HIV vaccine.

By Nina Shapiro
Seattle Times staff reporter

Share story

Share
Email
Tweet

CAPE TOWN, South Africa — Andile Madondile set out from his home in Cape Town's biggest township to give a presentation to his neighbors on HIV.

He had only a few yards to cross — from the two-room shack he shares with his wife and three kids, past the "spaza" shop where he buys cigarettes for 13 cents apiece, to a slightly bigger shack that serves as a home, tavern, video arcade and meeting room — but he also had worlds to bridge.

출처: '트러스팅 뉴스'. 취재 배경과 목적에 대한 설명을 기사 앞부분에 제시한 《시애틀 타임스》 사례

〈그림 2-9〉 기사 본문에 투명성 관련 정보를 제시한 예

USC Annenberg Media

stopped going to the doctor after being shamed by Kelly.

After seeing Annenberg Media's February coverage of the lawsuit, a current undergraduate student reached out to share his own experiences. The student, who identifies himself as a gay male and has not come out, asked to speak anonymously. Because the information he shared involves his personal medical information and his sexual orientation, Annenberg Media is honoring his request, in accordance with our ethics policy.

The student said his experience with Kelly was, in general, positive. He said the first time he visited

출처: '트러스팅 뉴스'. 기사 본문에 익명 취재원 사용의 배경 관련 정보를 포함한 사례

3) 투명성과 신뢰도의 관계에 대한 실증적 연구 결과

최근 들어 투명성 강화가 신뢰도에 미치는 영향에 대한 실증적 연구가 활발하게 이뤄지고 있다. 특히 기사 수정 과정 공개의 효과에 관심이 집중됐는데, 취재 과정의 오류를 정정하고 투명하게 공개하는 것이 신뢰도에 어떤 영향을 미치는지를 살피려는 취지다. 하지만 기사 수정의 효과에 관한 연구가 일관된 결과를 보여주지는 않는다. 한편에서는 기사 수정이 미치는 긍정적 효과를 입증한 연구가 있다. 심층 인터뷰에 바탕한 토프 등(Toff et al., 2021)의 연구는 일부 참가자들은 언론사가 잘못된 내용을 정정하는 모습을 본 후 해당 언론사에 대한 신뢰가 높아졌다고 밝혔다. 정정보도가 매체 신뢰도에 미치는 영향을 살펴본 육은희(2020)의 연구는 정정보도를 읽은 후 해당 매체 신뢰도에 대한 사람들의 평가가 긍정적으로 변함을 밝혔다. 특히 오보의 원인이 내부에 있을 경우 오보의 원인을 제시하면 매체 신뢰도에 미치는 긍정적 영향이 더 두드러지게 나타났다(육은희, 2020).

하지만 기사 수정이 신뢰도에 미치는 부정적인 영향을 보여준 연구 결과도 있다. 언론사의 오보 트윗과 이를 정정하는 트윗에 순차적으로 노출되었을 때 이용자의 매체 신뢰도는 도리어 하락했다(Freitag et al., 2024). 연구자들은 언론사가 실수를 공개할 경우 독자의 정확한 정보 이용에는 도움이 되지만 해당 언론사에 대한 신뢰는 낮아지는 이 같은 현상을 두고 '수정의 딜레마(correction dilemma)'라고 칭했다.

팩트체크 역시 기사 오류 정정과정의 투명한 공개와 관련한 언론사의 노력이라는 점에서 기사 수정과 연결되어 있다. 관련 연구는 팩트체크는 특정한 조건 하에서만 신뢰도에 긍정적인 영향을 미침을 보여준다. 예를 들어 팩트체크 뉴스가 언론 신뢰도에 미치는 영향과 그 매커니즘을 분석한 정성욱, 윤석민

(2021)의 연구는 팩트체크 뉴스는 팩트체크 결과에 동의하는 사람들 사이에서만 매체 신뢰도를 향상시킴을 밝혔다. 핀그리 등(Pingree et al., 2018)의 연구는 팩트체크 뉴스가 미디어 신뢰를 향상시킬 가능성을 보여주긴 하나, 팩트체크 뉴스가 저널리즘을 옹호하는 다른 기사와 함께 제시될 때만 그 효과가 나타남을 보여준다. 저널리즘 옹호 기사가 제시되지 않은 경우, 팩트체크 뉴스는 참가자의 신뢰에 유의미한 영향을 미치지 않았다.

팩트체크 내용이 담긴 뉴스가 도리어 뉴스 콘텐츠에 대한 신뢰를 감소시킨다는 결과도 있다. 오보 후 팩트체크 뉴스 노출이 언론 신뢰도에 미치는 영향을 살펴본 결과, 팩트체크 뉴스 노출이 뉴스 콘텐츠와 언론사에 대한 신뢰도 모두를 하락시킨 것으로 나타났다(Bachmann & Valenzuela, 2023). 언론사의 뉴스를 제3의 주체가 팩트체크했을 경우에도 원본 뉴스 콘텐츠에 대한 신뢰도가 감소한 것으로 나타났다(Carson et al., 2022). 이 결과는 기사 수정이나 팩트체크는 도리어 이용자들이 언론 보도의 과거 오류를 더 현저하게 인식하게 함으로써 뉴스에 대한 신뢰도를 낮추는 기제로 작동할 가능성도 보여준다.

연구자들이 검증한 또 다른 중요한 투명성 요소는 기사 생산 주체 및 과정에 대한 정보 공개다. 하지만 연구 결과는 일관되지 않다. 투명성 관련 정보를 상자 형태로 제시하는 소위 투명성상자의 효과를 검증한 결과 투명성상자가 제시될 경우 이용자들은 해당 상자에 관심을 가졌고 이는 언론사의 취재윤리에 대한 긍정적 평가로 이어졌지만, 뉴스 조직의 신뢰도에는 유의미한 영향을 미치지 못했다(Varnum et al., 2024). 세 차례의 실험을 통해 투명성상자가 눈에 잘 띄는 정도와 관련한 다양한 변주를 줘 가며 그 효과를 검증한 연구 결과도 투명성상자의 효과가 아주 제한적임을 보여준다(Masullo et al., 2022). 스웨덴 상황에서 실험, 설문, 심층 인터뷰 등 다양한 방법론을 통해 투명성의 효과를 검증한 결과도 투명성이 신뢰도에 미치는 명확한 효과를 밝히지는 못했다(Karsson & Clerwall, 2018; Karlsson et al., 2014). 다만 심층 인터뷰 응답자들은 기사에 달린 하이퍼링크, 해당 기사를 취재한 이유에 대한 설명 등 일부 시도를 긍정적으로 평가했다.

반면 투명성이 신뢰도에 미치는 긍정적인 결과를 밝힌 연구도 존재한다. 예를 들어 커리와 스트라우드(Curry & Stroud, 2021)는 실험 연구를 통해 기자 관련 정보, 기사 분류, 각주, 취재 후일담, 프로젝트 관련 정보 등 투명성 장치가 담겨있는 기사와 그렇지 않은 기사에 대한 신뢰도를 비교 검증했다. 그 결과 투명성 장치가 있는 기사를 본 이들 사이에서 해당 기사를 작성한 언론사에 대한 신뢰도가 높았다. 투명성상자의 효과를 검증한 또 다른 연구 결과는 투명성상자에 대한 노출 결과 메시지의 신뢰도가 높아졌으며, 나아가 이 높아진 신뢰도는 이후 해당 언론사의 웹사이트를 방문하고, 해당 언론사가 배포하는 소셜 미디어 콘텐츠 등에 관심을 가질 의사를 높임으로써 응답자들이 해당 언론에 대한 관여도 높은 이용자로 발전할 가능성을 보여주기도 했다(Peifer & Meidinger, 2021). 노출된 기사가 의견을 담은 기사인지 아닌지 여부를 투명하게 밝히는 장치를 통해 환경적 투명성을 높인 시도의 효과를 살펴본 결과도 이 같은 장치가 신뢰도를 높이는 결과로 이어졌음을 보여준다(Otis, 2024).

4) 적정한 수준의 투명성은 어느 정도인가?

앞서 살펴본 실증적 연구의 결과는 투명성에 한정해 봤을 때 높은 뉴스 콘텐츠의 질이 무조건 높은 언론 신뢰도를 담보하지 않음을 보여준다. 브라질, 인도, 영국, 미국 등 4개국 뉴스 이용자들에 대한 심층 인터뷰 결과(Toff et al., 2021)는 이용자들이 언론에 공정성, 정확성과 같은 이상적인 가치를 요구하기는 하지만 언론 신뢰도 평가는 각 언론이 각 가치를 뉴스 생산을 통해 실현하고 있는지에 대한 평가보다는 개인의 정치적 또는 사회적 정체성에 바탕해 이뤄지는 경우가 많음을 보여준다.

토프(Toff et al., 2021)의 연구가 밝힌 또 다른 흥미로운 점은 사람들의 언론 신뢰도 평가에 있어 중요한 것은 쉽게 신뢰도를 판단할 수 있게 도와주는 휴리스틱(heuristic)이라는 점이다. 예를 들어 언론사 브랜드에 대한 친숙함, 뉴스의 외관, 뉴스 제시 방식 등과 같이 뉴스 콘텐츠의 내용과는 직접적인 관련이 없는 신호를 바탕으로 사람들은 언론 신뢰도를 평가했다. 언론사 브랜드의 인지도, 이미지 등이 해당 언론사에 대한 신뢰에 큰 영향을 미침은 국내 연구에서도 확인된 바 있다(김여라, 2009; 우형진, 2024).

위 논의는 세 가지 중요한 시사점을 던진다. 첫째, 언론 신뢰도는 개인적 성향 등 콘텐츠 이외 요소의 영향을 많이 받기 때문에 뉴스 콘텐츠 질의 개선이 단기간에 언론 신뢰도 향상으로 이어지기 어려울 수도 있다는 점이다. 두 번째로 생각할 부분은 뉴스 콘텐츠 질 자체의 변화만큼 중요한 것은 콘텐츠 질에 변화가 있음을 보여주는 휴리스틱의 역할이라는 점이다. 연결해서 생각해 볼 또 다른 지점은 투명성 요소를 되도록 더 많이 보여주는 것이 더 좋은 평가로 이어질 것이라고 장담할 수 없다는 점이다.

휴리스틱을 어떻게 제시하는가에 따라 효과의 차이가 클 수 있기 때문에 최선의 휴리스틱 제시 방법이 무엇인지에 대한 더 많은 연구가 필요한 상황이다. 투명성상자나 해당 기사가 의견 기사인지 스트레이트 기사인지를 보여주는 표시도 일종의 휴리스틱으로 기능한다. 투명성상자를 눈에 띄게 또는 덜 띄게 배치하는 데 따른 효과를 비교하고(Masullo et al., 2022), 색상 대비가 두드러지는 형태의 상자와 그렇지 않은 상자의 효과를 비교(Varnum et al., 2024)하는 연구도 결국 휴리스틱의 효과를 살피려는 시도다.

더 많은 투명성이 꼭 더 나은 평가로 이어지는지에 대해서도 더 깊이 생각해 볼 필요가 있다. 실제로 너무 많은 정보를 이용자에게 투명하게 제공할 경우, 이용자들은 능력 이상의 정보 처리를 강요받는다고 여기고 그 결과 도리어 신뢰도가 더 낮아질 수 있다는 견해(Allen, 2008; Vos & Craft, 2017)도 있다. 또한 기사, 사진, 투명성상자, 기자 정보 공개(높음/낮음) 등 4가지 기사 구성요소를 다양하게 조합한 8건의 기사에 대한 신뢰도 인식을 비교한 실험 연구 결과, 기본적으로 이 4가지가 모두 포함되었을 때 신뢰도가 높았다(Johnson & St. John III, 2021). 하지만 흥미로운 점은 4가지를 조합함에 있어 기자의 정보 공개 정도가 낮을 때가 높을 때보다 더 높은 신뢰도로 이어졌다는 것이다. 이 결과는 여러 투명성 요소를 어떻게 잘 조합하는지가 신뢰도 제고에 있어 중요한 동시에, 꼭 더 많은 정보를 제공하는 것이 더 높은 신뢰도로 이어지지 않을 수 있음을 보여준다. 즉, 너무 과하지도 부족하지도 않은 적정한 투명성 정도를 찾는 것이 중요하다.

03 언론의 투명성 강화를 위한 시도들

1. 디지털 저널리즘에서 투명성

디지털 시대의 도래와 함께 저널리즘 윤리는 새로운 국면을 맞이하고 있다. 스미스(Smith, 2013)의 연구에 따르면, 기존의 저널리즘 윤리 체계는 현재의 디지털 환경에 온전히 부합하지 않는다. 특히 디지털 미디어에서는 광고와 콘텐츠의 경계가 모호해지고, 편집진과 독자들의 의견이 한데 어우러지는 특성을 보인다. 빠른 속도가 강조되다 보니 실수의 위험도 커지게 됐다. 이런 배경에서 전통적인 객관성보다는 정보의 출처와 작성 과정을 명확히 밝히는 투명성이 새로운 핵심 가치로 부상하고 있으며, 이는 디지털 저널리즘의 신뢰성 확보를 위한 필수 요소로 자리잡아 가고 있다.

프렌드(Friend, 2007)는 투명성이 뉴스 제작 과정을 공개함으로써 디지털 시대의 독자들이 뉴스를 더 깊이 이해하고 참여할 수 있게 돕는 윤리적 지침이 된다고 설명한다. 이는 단순한 정보 전달을 넘어서 독자들과의 신뢰 관계를 구축하는 핵심 요소로 작용한다는 것이다. 두에즈(Deuze, 2005)는 여기서 한 걸음 더 나아가 투명성과 독자 참여의 연관성을 강조한다. 이제는 저널리즘 밖의 사람들도 뉴스 제작 과정을 지켜보고, 검증하며, 때로는 조정에 참여할 수 있게 되었다는 것이다. 이러한 맥락에서 투명성은 뉴스 제작자가 자신의 작업 과정을 공개하고 설명하며, 독자들이 이에 참여할 수 있는 포괄적인 개념으로 발전했다. 이는 전통적인 일방향 커뮤니케이션에서 쌍방향 소통으로의 전환을 의미하는 중요한 변화다.

하지만 워드(Ward, 2015)는 투명성만으로는 책임 있는 저널리즘을 완성할 수 없다고 지적한다. 현장 기자들과의 인터뷰를 보면, 투명성이 단순히 언론사의 홍보 수단이나 방어 전략으로 형식적으로만 적용되는 경우가 있다는 것이다. 이는 투명성이라는 가치가 실제 저널리즘 현장에서 어떻게 실천되고 있는지에 대한 중요한 문제를 제기한다. 특히 차다와 콜리스카(Chadha & Koliska, 2015)는 방대한 독자 반응을 모두 수용하고 끊임없이 수정하는 것이 현실적으로 어렵다는 점을 강조했다. 이러한 현실적 한계는 투명성 원칙의 실천에 있어 중요한 도전 과제로 작용하고 있다.

이러한 상황에서 미국기자협회는 실질적인 투명성 강화 방안을 제시했다(Silverman, 2014). 먼저, 디지털 환경의 장점을 살려 모든 취재 출처를 공개하고, 온라인 자료는 반드시 링크로 연결하자는 것이다. 이는 독자들이 정보의 출처를 직접 확인하고 검증할 수 있게 함으로써 뉴스의 신뢰도를 높이는 데 기여한다. 또한 기사의 수정과 업데이트 과정을 상세히 공개하는 것도 중요한 원칙으로 꼽았다. 구체적으로 다섯 가지 지침을 제시했는데, 수정 이유와 내용의 명확한 설명, 시점 명시, 가독성 있는 수정 내용 표시, 편집 과정의 투명한 공개, 그리고 수정과 업데이트의 명확한 구분이 그것이다. 이러한 세부적인 가이드라인은 투명성의 실천적 측면을 강화하는 데 중요한 역할을 한다.

협회는 또한 이용자들이 직접 기사의 오류를 제보할 수 있는 시스템 구축을 제안한다. 이는 이용자들을 뉴스 생산 과정의 적극적인 참여자로 인정하는 중요한 변화를 의미한다. 정보 제공자와 기자, 편집자의 신원을 명확히 밝히는 것도 중요한 제안 사항이다. 이는 언론의 책임성과 직접적으로 연결되는 중요한 문제다.

디지털 편집 가이드라인의 한 장을 수정에 대한 정책 제시에 할애하고 있는 〈워싱턴포스트〉[5] 사례처럼 기사 수정에 관한 명확한 정책을 수립하는 것도 투명성 강화의 중요한 요소다. 이들은 오류 수정의 중요성에 대한 가치 부여부터 구체적인 수정 템플릿, 책임자 지정, 수정 과정의 명시화까지 체계적인 정책을 마련해 실행하고 있다.

이러한 제안들 중 출처 표기는 이미 대부분의 디지털 미디어가 채택하고 있다[6]. 이는 더 많은 정보를 제공함으로써 정확성을 높이고, 취재 노력을 인정받을 수 있는 방안이기 때문이다.

하지만 수정 이력이나 삭제 내역 공개, 오류 제보 시스템 등은 언론사 입장에서 부담스러운 과제일 수 있다. 이는 언론사의 약점이나 실수를 드러내는 일이 될 수 있기 때문이다. 그럼에도 불구하고 일부 언론사들은 이러한 투명성 강화 정책을 적극적으로 도입하고 있으며, 3장의 다음 절부터는 이러한 사례들에 대해 자세히 살펴볼 것이다.

2. 기사 수정 이력 공개

1) 뉴스디프스(NewsDiffs)

현재 언론사들은 기사 수정 시간 등을 기사 페이지에 표기해 기사가 수정됐는지 여부를 표기하고 있지만, 최종 시간만 표기될 뿐 몇 번의 수정을 거쳤고 어떠한 내용이 고쳤는지 등에 대해서는 대부분 공개하지 않고 있다. 기사를 수정했다는 것은 최초 작성 내용에 문제가 있었다는 점을 시인하는 것으로 언론사 입장에서는 부담스러운 일이다. 디지털 공간에 발행된 기사에 수정

5) http://www.washingtonpost.com/wp-srv/guidelines/corrections.html
6) 한국 언론의 경우 포털 중심 뉴스 유통 환경 등으로 인해 아직 미비하기는 하다.

이력을 공개하도록 한다면, 언론사들이 기사 발행 전 사실 확인에 더욱 신경을 쓸 수밖에 없다. 속보 경쟁에 나서더라도 수정 이력 공개에 대한 부담으로 최소한의 사실 확인 절차를 한 번 더 거칠 수밖에 없기 때문이다.

뉴스디프스[7]는 2012년 MIT에서 열린 나이트-모질라 해커톤 대회에서 탄생한 프로젝트로, 뉴욕타임스의 전직 기자 제니퍼 8 리(Jennifer 8. Lee), MIT의 에릭 프라이스(Eric Price), 그렉 프라이스(Greg Price)가 협력해 개발했다. 이들의 목표는 온라인 뉴스 기사가 시간에 따라 어떻게 수정되고 변화하는지 체계적으로 추적하고 관리하는 것이다.

뉴스디프스는 다음과 같은 세 가지 핵심 기능을 중심으로 운영된다. 첫째, 실시간 기사 추적 시스템이다. 이들은 NYT, CNN, Politico, WP, BBC 등 영향력 있는 주요 언론사들의 웹사이트를 수 분 단위로 지속적으로 모니터링한다. 이를 위해 '봇(bot)'이라고 불리는 자동화 프로그램을 사용하는데, 이 봇은 각 언론사 사이트를 주기적으로 크롤링 후 검사해 새로운 기사가 올라왔는지, 기존 기사가 수정됐는지를 확인한다. 기술적으로는 파이썬의 'BeautifulSoup' 라이브러리를 활용해 웹페이지의 HTML 구조를 분석하고 필요한 내용을 추출한다. 이 과정에서 각 언론사별로 맞춤형 '파서(parser)'를 제작해 사용하는데, 이는 각 언론사마다 웹페이지 구조가 다르기 때문이다. 수집된 데이터는 체계적으로 관리되는데, 기사의 URL은 MySQL 데이터베이스에 저장하고 기사 본문은 별도의 디스크 공간에 보관한다.

둘째, 뉴스디프스의 핵심이라고 할 수 있는 정교한 수정 내역 관리 시스템으로 기사의 모든 변경 사항을 세밀하게 추적하고 기록한다. 이를 위해 구글이 개발한 '디프 매치 패치'[8] 라이브러리를 활용한다. 이 도구는 마이어스 디프

---

7) http://newsdiffs.org/
8) https://code.google.com/p/google-diff-match-patch/

알고리즘이라는 고급 텍스트 비교 알고리즘을 기반으로 하며, 수정 전후의 텍스트를 글자 단위까지 정밀하게 비교할 수 있다. 수정된 내용은 시각적으로 명확하게 표시되는데, 〈그림 3-1〉과 같이 삭제된 내용은 빨간색 취소선으로, 새로 추가된 내용은 초록색 하이라이트로 표시된다. 이러한 방식은 깃허브 같은 전문 코드 관리 시스템에서도 사용되는 검증된 방식이다. 또한 각 수정 시점마다 타임스탬프를 찍어 언제 어떤 내용이 바뀌었는지 정확하게 추적할 수 있다.

〈그림 3-1〉 뉴스디프스의 기사 수정 전후 표기 방식

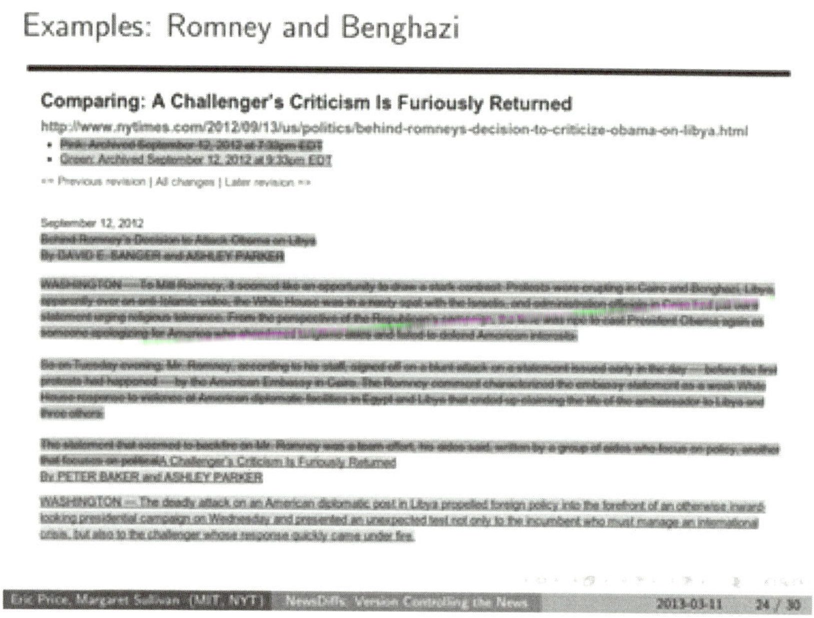

출처: http://www.slideshare.net/jenny8lee/newsdiffs

마지막으로 고급 검색 및 열람 기능을 제공해 이용자들은 다양한 방식으로 기사의 수정 이력을 검색하고 확인할 수 있다. 언론사별로 기사를 분류해 볼 수 있고, URL을 직접 입력해 특정 기사를 검색할 수도 있다. 각 기사마다 수정 시점과 내용이 시간 순으로 정리되어 있어, 기사가 어떻게 발전하고 변화했는지 한눈에 파악할 수 있다.

특히 주목할 만한 점은 수정 내역의 아카이빙 시스템이다. 모든 수정 사항은 영구적으로 보관되며, 사용자들은 언제든 과거의 어느 시점으로든 돌아가 당시의 기사 내용을 확인할 수 있다. 이는 마치 타임머신처럼 기사의 진화 과정을 탐색할 수 있게 해준다. 종이 신문과 달리 자유로운 수정이 가능한 온라인 기사의 특성상, 때로는 중요한 내용이 사전 고지 없이 변경되는 경우도 있다. 뉴스디프스는 이러한 변화를 모두 기록하고 공개함으로써, 언론사들이 더욱 신중하게 기사를 작성하고 수정하도록 유도하는 효과를 목적으로 한 것이다.

2) 시사위크

뉴스디프스는 기사를 실제 작성한 언론사가 아니라 외부에서 기사 수정 이력을 공개하는 프로젝트지만, 우리나라 언론사 〈시사위크〉[9]는 자신들이 작성한 기사의 수정 이력을 자발적으로 공개하고 있는 대표적 사례다. 기사의 수정 이력을 공개하는 것은 자신들의 오류를 인정하는 것이기 때문에 언론사 입장에서 부담을 가질 수밖에 없지만, '시사위크'는 "저널리즘의 가치를 높이고, 언론의 사회적 책무를 실천"[10]하겠다며 기사 수정 이력제를 실시하고 있다.

시사위크의 기사 수정 이력제 시행 방식은 핵심사실이 수정되면 제목에 [수정]이라고 표시하며, 취재원의 입장을 추가로 반영하는 등 기사 보강, 오탈자 등 오기(誤記) 수정의 경우 기사 내에서 수정 내역을 〈그림 3-2〉와 같이 표기하는 방식이다. 단, 조사와 띄어쓰기 수정 등과 같은 간단한 수정은 예외로 따로 이력에 남기지 않는다.

---

9) https://www.sisaweek.com

10) https://www.sisaweek.com/news/articleListModifyHistory.html

〈그림 3-2〉 '시사위크'의 기사 수정 이력 표기 사례

시사위크

존재감 드러내는 조국혁신당 '한동훈 특검법'… 윤재옥 "사적 복수의 장"

한편, 조국혁신당은 전날(14일) 자정 무렵 창당 8일 만에 당원 10만명을 돌파했다고 밝혔다. KBS 의뢰로 한국리서치가 지난 7~9일 실시한 여론조사 결과에 따르면 비례대표 투표 정당 지지율은 국민의미래가 32%, 조국혁신당이 17%, 민주당이 주도하는 더불어민주연합은 16%였다(전국에 거주하는 만 18세 이상 남녀에게 면접원에 의한 전화면접조사. 응답률은 16.3%로 총 1만8,395명과 통화하여 그 중 3,000명 응답완료. 표본오차는 95% 신뢰 수준에 ±1.8%포인트. 자세한 내용은 중앙선거여론조사심의위원회 홈페이지 참조).

해당 기사는 2024년 3월 15일 오후 12시 26분경 포털사이트 등으로 최종 출고되었으나, 이후 중앙선거관리위원회에서 선거여론조사 인용 공표보도 요건 중 '조사방법'이 누락된 사실을 알려와 이를 즉각 반영하였습니다. 수정 내용은 아래와 같습니다.

▲(수정 전) 표본오차는 95% 신뢰 수준에 ±1.8%포인트. 자세한 내용은 중앙선거여론조사심의위원회 홈페이지 참조.

▲(수정 後) 전국에 거주하는 만 18세 이상 남녀에게 면접원에 의한 전화면접조사. 응답률은 16.3%로 총 1만 8,395명과 통화하여 그중 3,000명 응답완료. 표본오차는 95% 신뢰 수준에 ±1.8%포인트. 자세한 내용은 중앙선거여론조사심의위원회 홈페이지 참조.

※ 시사위크는 '기사수정이력제'를 통하여 기사가 수정된 이유와 과정을 투명하게 공개하고 있습니다. 이를 통해 저널리즘의 가치를 높이고, 언론의 사회적 책무를 실천하고자 합니다.

출처: https://www.sisaweek.com/news/articleView.html?idxno=212793

기사 내에 수정 이력을 표기하는 것에 더해 '시사위크'는 수정된 기사들을 한데 모아 〈그림 3-3〉처럼 제공하고 있다. 이 때 기사 수정의 이유까지 제시한다. 〈그림 3-3〉에서 볼 수 있듯이 기사 수정 이력을 제공하는 사례가 한 달에 1~2건 정도로 그리 많다고는 할 수 없다. 이는 기사 수정 이력 공개를 염두에 두고 기사를 처음 출고하기 전에 최대한 내용을 확인 후 작성하고 있다고도 해석할 수 있다.

〈그림 3-3〉 '시사위크'의 수정 기사 목록 공개 페이지

아래는 **수정**된 기사 목록입니다.

금호타이어, 4분기 연속 '1조 이상 매출' 실적 달성
시사위크=강준혁 기자 금호타이어(대표 정일택)가 2024년 3분기 연결기준 매출 1조1,150억원, 영업이익 1,402억원의 잠정실적을 기록했다고 29일 밝혔다. 금호타이어 3분기 매출액은 1조1,150억원으로 지난해 같은 기간 대비 14.1% 오르
뉴스룸 | 강준혁 기자 | 2024.10.29 18:00
오기(誤記)

마곡 머큐어 호텔, 오픈 전부터 논란… 예약 무더기 강제 취소
시사위크=제갈민 기자 다음달 말 오픈 예정인 '머큐어 앰배서더 서울 마곡 호텔(이하 마곡 머큐어 호텔)'이 최근 고객들의 투숙 예약 건을 무더기로 임의 강제 취소한 것으로 알려져 논란의 중심에 섰다. 마곡 머큐어 호텔은 프랑스 글로벌 호
뉴스룸 | 제갈민 기자 | 2024.10.24 17:52
기사 보강(취재원의 입장 추가반영)

통신3사, 통신 미환급액 매년 30억원 이상
시사위크=조윤찬 기자 소비자들이 과납한 통신요금을 제때 환급받을 수 있도록 개선돼야 한다는 지적이 나왔다. 30일 이훈기 더불어민주당 의원은 통신3사(SKT, KT, LGU+)가 고객에게 환급하지 않고 쌓아둔 통신 미환급액이 매년 30억원
뉴스룸 | 조윤찬 기자 | 2024.09.30 12:08
제공 자료 오류에 따른 정정

과기정통부, 제4이통사 로밍 논란에 "중저대역 주파수 사용 전제" 해명
시사위크=조윤찬 기자 정치권에서 제4이동통신사가 통신3사(SKT, KT, LGU+) 전국망을 로밍해 전국 이동통신 서비스를 한다는 정부 구상이 잘못됐다는 지적이 나왔다. 이에 대해 정부 측은 향후 신규 사업자가 전국망 구축 용도의 중저대역
뉴스룸 | 조윤찬 기자 | 2024.07.04 14:41
기사 보강(취재원의 입장 추가반영)

전세사기특별법 제정 1년… "성과 있지만 한계도 커"
시사위크|여의도=이강우 기자 '전세사기특별법'이 제정된 지 1년의 시간의 흘렀다. '선구제 후회수' 도입으로 법을 개정하는 것을 놓고 논쟁이 뜨거운 가운데 피해자·야권 인사·시민단체들이 모여 토론회를 열었다. 지난 13일 국회의원회관에서
뉴스룸 | 이강우 기자 | 2024.06.14 17:49
오기(誤記)

출처: https://www.sisaweek.com/news/articleListModifyHistory.html

3) 뉴욕타임스

〈뉴욕타임스〉도 시사위크와 마찬가지로 기사 수정이 이루어질 경우 〈그림 3-4〉와 같이 기사 하단에 수정 내용과 이유를 공개한다. 또한, 〈그림 3-5〉와 같이 이렇게 수정된 기사들을 일자별로 한데 모아 제공하는 '수정(Corrections)'[11] 페이지를 운영하고 있다.

11) https://www.nytimes.com/international/section/corrections

〈그림 3-4〉 NYT 기사 내 수정 내역 표기 사례

TELEVISION | Johnny Carson and the Fantasy of America

swinging an ax in "The Shining." Looking to enjoy some old-fashioned American humiliation? Here's Johnny!

Read by Jason Zinoman

Audio produced by Adrienne Hurst.

A correction was made on Nov. 20, 2024: *An earlier version of this article misquoted a famous Johnny Carson quip. The joke goes, "Half the marriages end in divorce — and then there are the unhappy ones," not "and then there are the happy ones."*

When we learn of a mistake, we acknowledge it with a correction. If you spot an error, please let us know at nytnews@nytimes.com. Learn more

출처: https://www.nytimes.com/2024/11/20/arts/television/johnny-carson.html

〈그림 3-5〉 NYT 'Corrections' 페이지

Corrections

The Times recognizes an ethical responsibility to promptly correct all factual errors, large and small. We encourage you to contact us if you think you see a mistake. Messages about news coverage can be sent to nytnews@nytimes.com; comments about the Opinion section should go to letters@nytimes.com.

Learn more about how we handle corrections here. For other questions, including subscription issues, visit our help center.

Corrections: Nov. 27, 2024
Corrections that appeared in print on Wednesday, Nov. 27, 2024.

Corrections: Nov. 26, 2024
Corrections that appeared in print on Tuesday, Nov. 26, 2024.

No Corrections: Nov. 25, 2024
No corrections appeared in print on Monday, Nov. 25, 2024.

Corrections: Nov. 24, 2024
Corrections that appeared in print on Sunday, Nov. 24, 2024.

출처: https://www.nytimes.com/international/section/corrections

이와 함께 뉴욕타임스는 "뉴욕타임스는 어떻게 오류를 수정하는가?"(How does The New York Times handle corrections?)[12]라는 제목으로 기사 수정 원칙도 제시하고 있다. 뉴욕타임스는 이 원칙을 통해 "우리의 실수를

---

12) https://www.nytimes.com/article/new-york-times-corrections.html

신속하고 투명하게 인정함으로써 우리는 이 근본적인 신뢰를 쌓아갈 수 있다"라고 밝힌다. 뉴욕타임스는 크고 작은 모든 사실 관계 오류를 신속하게, 그리고 눈에 띄는 공간에서 수정해야 할 윤리적 책임이 있음을 인정한다면서 독자들이 실수를 발견했을 때 언제든지 이메일[13]로 관련 내용을 신고할 수 있도록 하고 있다.

한편, 뉴욕타임스는 기사 수정 과정에 대해서도 설명하는데, 먼저 실제로 오류가 있었는지 확인한다. 관련된 기자와 편집자들에게 연락하고, 수정이 필요하다고 판단되면 기사를 수정하고 정정문을 추가한다. 게재 직후 몇 초 만에 실수를 발견하더라도 정정문을 통해 이를 인정한다. 정정문은 오류가 실린 모든 매체(인쇄물과 디지털)나 플랫폼(트위터, 인스타그램, 페이스북 등)에 게재되는 것이 원칙이다. 뉴스레터, 동영상, '더 데일리' 같은 팟캐스트의 실수도 수정한다.

다만, 명백한 오타의 경우에는 정정문 없이 오류만 수정한다. 속보의 경우 빠르게 보도해야 하는 상황 때문에 잘못된 정보를 전달할 수 있기 때문에 그로 인한 오류의 경우에는 정정문을 작성하지 않는다. 예를 들어, 어떤 대형 사고가 발생할 시 사망자 수가 줄어들거나, 용의자 수가 바뀌거니, 관계자들이 이전 발표를 수정하는 경우가 이에 해당한다. 이런 변경사항은 보통 업데이트되는 기사 내에서 설명하며 별도의 정정문은 첨부하지 않고 있다.

13) nytnews@nytimes.com

3. 기사 수정/삭제 내역 공개

1) BBC

〈BBC〉는 수정 및 정정보도와 해명(Corrections and Clarifications) 페이지[14]를 통해 수정된 기사의 목록과 삭제된 기사의 목록 등을 제공하고 있다. 기사 수정 목록을 공개하는 점은 NYT와 비슷한데, 삭제된 기사의 내용과 이유(〈그림 3-6〉 참고), 이에 대한 BBC의 입장까지 게재한다는 점에서 차이가 있다.

〈그림 3-6〉 BBC의 수정 및 정정보도와 해명 페이지의 2023년 목록

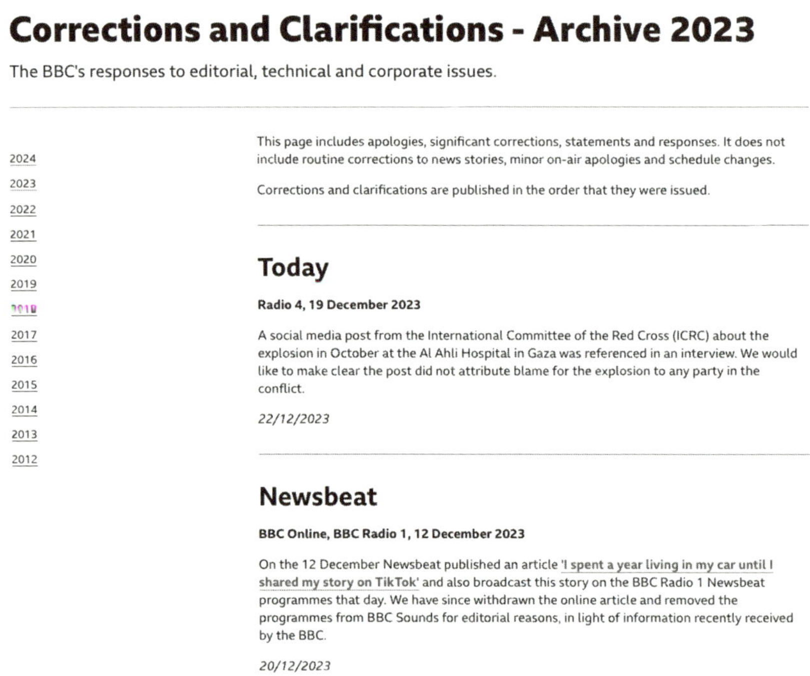

Corrections and Clarifications - Archive 2023

The BBC's responses to editorial, technical and corporate issues.

2024
2023
2022
2021
2020
2019
2018
2017
2016
2015
2014
2013
2012

This page includes apologies, significant corrections, statements and responses. It does not include routine corrections to news stories, minor on-air apologies and schedule changes.

Corrections and clarifications are published in the order that they were issued.

Today

Radio 4, 19 December 2023

A social media post from the International Committee of the Red Cross (ICRC) about the explosion in October at the Al Ahli Hospital in Gaza was referenced in an interview. We would like to make clear the post did not attribute blame for the explosion to any party in the conflict.

22/12/2023

Newsbeat

BBC Online, BBC Radio 1, 12 December 2023

On the 12 December Newsbeat published an article 'I spent a year living in my car until I shared my story on TikTok' and also broadcast this story on the BBC Radio 1 Newsbeat programmes that day. We have since withdrawn the online article and removed the programmes from BBC Sounds for editorial reasons, in light of information recently received by the BBC.

20/12/2023

출처: https://www.bbc.co.uk/helpandfeedback/corrections_clarifications/archive-2023

14) https://www.bbc.co.uk/helpandfeedback/corrections_clarifications

이 페이지는 BBC의 사안 관련 사과문, 중대한 정정보도, 성명서 및 응답들을 포함하고 있지만, 일상적인 뉴스 기사의 정정, 경미한 방송 사과문과 편성 변경 사항은 게재되지 않는다. 정정보도와 해명은 발행된 순서대로 게시된다. 여기서 말하는 '중대한(significant)' 정정보도란 보도 내용의 본질적 사실 관계나 맥락에 관련된 중요한 오류를 바로잡는 것을 의미하며, 단순한 오타나 경미한 사실 관계 오류는 별도로 처리된다. '성명서(statements)'는 특정 사안에 대한 BBC의 공식 입장을 밝히는 것을, '응답(responses)'은 시청자나 외부 기관의 중요한 문제 제기에 대한 BBC의 답변을 의미한다.

〈그림 3-6〉의 아래 '뉴스비트(NewsBeat)'는 기사 삭제 내역을 보여주고 있다. BBC 라디오 1의 뉴스 프로그램인 BBC 뉴스비트는 2023년 12월 12일 "틱톡에 내 이야기를 공유하기 전까지 1년 동안 차에서 살았다(I spent a year living in my car until I shared my story on TikTok)"[15]라는 제목의 기사를 웹사이트에 게재하고 라디오 방송을 통해 방송한 바 있다. 하지만, 이 내용과 관련한 문제 제기를 접하고 편집진의 자체적 판단에 따라 온라인 기사를 삭제하고 BBC의 오디오 스트리밍 플랫폼인 BBC 사운즈에서도 해당 프로그램들을 삭제했다.

BBC는 수정 및 정정보도와 해명(Corrections and Clarifications) 페이지는 BBC가 보도나 프로그램에서 발생한 오류를 공개적으로 인정하고 수정하는 공간이다. BBC는 오류가 발견되면 가능한 한 빨리 수정하고, 중요한 오류의 경우 별도의 공지를 통해 시청자들에게 알린다. 수정 내용에는 원래 보도된 잘못된 내용과 정정된 정확한 정보가 함께 제시된다. 시청자들이 직접 오류를 제보할 수도 있으며, BBC는 제보된 내용을 검토하고 필요한 경우 수정을 진행

---

15) https://www.bbc.co.uk/news/newsbeat-67669146

한다. 이러한 시스템은 BBC가 핵심 가치로 여기는 정확성과 공정성을 실천하는 방법이며, 언론사로서의 신뢰도를 높이는 중요한 장치로 작동하고 있다.

2) 구글

언론사는 아니지만, 구글은 매분기 '구글 투명성 보고서'[16]를 통해 삭제한 URL 및 유튜브 동영상의 수를 공개하고 그 사유을 유형화한 통계를 제공하고 있다. 예를 들어, 지난 2024년 2분기(4월~6월) '유튜브 커뮤니티 가이드라인' 위반을 이유로 삭제된 유튜브 채널의 수는 3,260,974개였으며, 삭제된 동영상의 수는 8,497,876개이다. 삭제된 동영상 중 29만 9,757개는 신고를 받아 전 세계 유튜브 검토 팀이 직접 삭제했고, 나머지 819만 8,119개는 유튜브의 인공지능이 가이드라인 위반을 식별해 자동으로 삭제한 것이다.

삭제된 동영상들 중 조회수가 '0'인 상태에서 삭제된 영상이 509만 1,063개(59.9%)로 가장 많았다. 이들 거의 대부분이 자동으로 삭제된 것으로 세상에 등장하기도 전에 인공지능의 감지에 따라 삭제됐다. 유튜브에 올라오는 영상의 수가 너무 많기 때문에 사람이 일일이 보거나 신고를 통해 가이드 준수 여부를 검토하기란 사실상 불가능하기 때문에 구글은 2017년부터 기계학습을 적용해 인공지능이 가이드라인 위반 영상을 자동으로 삭제하고 있다.

구글에 따르면, 〈그림 3-7〉과 같이 2024년 2분기 삭제된 영상의 절반이 넘는 504만 6,178개(59.4%)는 '아동 보호'를 이유로 삭제됐다. 뒤를 이어 유해하거나 위험한 콘텐츠(12.2%), 폭력적 또는 노골적 콘텐츠(7.6%), 괴롭힘/사이버 폭력(5.9%), 과도한 노출 혹은 성적인 콘텐츠(4.9%) 등을 이유로 영상이 삭제됐다.

16) https://transparencyreport.google.com/?hl=ko

구글은 유튜브 영상 삭제 통계와 그 사유를 유형별로만 제시할 뿐 구체적으로 어떤 영상을 삭제했는지 등을 공개하지는 않고 있다. 이에 따라 창작자들은 자신들이 영상이 왜 삭제됐는지 이유를 모를 때가 많다고 불만을 제기하기도 한다. 또한, 전체 데이터를 한 번에 내려받을 수 없어서 항목별로 모아봐야 하며, 각각을 어떻게 산출했는지를 대략 설명하고 있지만 검증해 볼 방법은 없다. 완전히 투명하다고 볼 수는 없다.

〈그림 3-7〉 **2024년 2분기 유튜브 영상 삭제 사유별 비중**

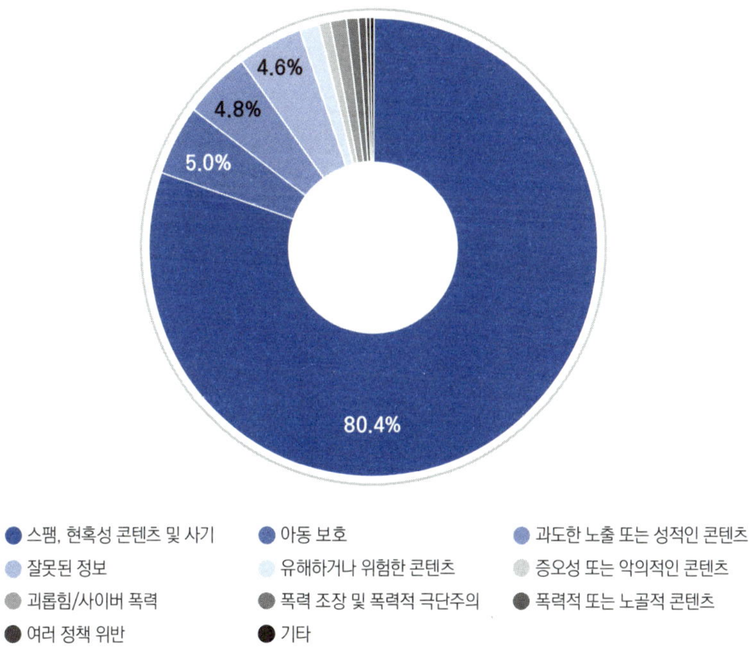

출처: https://transparencyreport.google.com/youtube-policy/removals

그럼에도 불구하고, 이러한 투명성 보고서를 통해 대략적으로나마 각 서비스에서 발생하는 문제들을 짐작해 볼 수 있다는 점은 의미 있다. 어떤 정책을 적용하고 이의 실질적 적용을 위한 조치를 어떻게 취하고 있는지를 대략적으로 나마 짐작할 수 있기 때문이다. 언론사들도 이러한 성격의 투명성 보고서를 발행하는 것이 가능하다. 언론사들도 자신의 기사가 어떻게 얼마나 작성되고 유통되는지 이용자들에게 알린다면, 상당한 흥미를 끌 수 있을 것이다. 매 분기 우리 언론사는 기사 몇 건을 발행했으며 이 기사들 중 몇 건은 오프라인에 게재됐고, 몇 건은 온라인에만 게재됐는지, 그중 기사 몇 건을 삭제했는지, 삭제의 이유는 무엇인지 등 기초 정보만이라도 제공하는 방식이다.

4. 기사 오류/문제 신고 기능

1) 가디언

가디언(Guardian)은 1997년 영국 신문사 중 처음으로 '독자의 편집인(readers' editor)' 제도[17]를 도입해 운영하고 있다. 이는 신문사 내부의 옴부즈맨 시스템으로, 가디언 본사는 물론이고 미국판(Guardian US), 호주판(Guardian Australia), 자매지인 옵저버(Observer), 가디언 위클리(Guardian Weekly)까지 모두 적용된다.

'독자의 편집인'은 독자들의 의견이나 우려사항, 불만 사항을 독립적인 위치에서 살펴보고 검토하는 역할을 한다. 중대한 오류가 발견되면 최대한 빨리 정정하는 것을 원칙으로 하고 있고, 이런 정정 내용은 해당 웹페이지나 신문에 실리며, 중요한 정정사항은 가디언의 '정정 및 해명' 칼럼[18]과 옵저버의 '기록을 위하여(For the record)' 칼럼[19]에 모아서 게재한다.

불만 처리는 가디언의 '편집 규약(Editorial Code)'을 기준으로 이뤄지는데,

---

17) https://www.theguardian.com/info/2014/sep/12/-sp-how-to-make-a-complaint-about-guardian-or-observer-content#df6c1cdc-c097-421b-a884-9d2578065ce3
18) https://www.theguardian.com/news/2024/dec/01/corrections-and-clarifications1
19) https://www.theguardian.com/news/2024/nov/30/for-the-record

총 16개 영역을 다루고 있다. 정확성, 반론권, 프라이버시, 괴롭힘, 슬픔이나 충격에 대한 침범, 아동 관련 보도, 성범죄 관련 아동 보도, 병원 관련 보도, 범죄 보도, 은밀한 장치와 속임수 사용, 성폭행 피해자 보도, 차별, 금융 저널리즘, 기밀 출처, 형사 재판 증인 대가, 범죄자에 대한 대가 등이다.

가디언 콘텐츠에 대해 불만이 있다면 'guardian.readers@theguardian.com'으로, 옵저버 콘텐츠는 'observer.readers@observer.co.uk'로 이메일을 보내면 된다. 런던에 있는 가디언 사무실로 우편을 보내거나, 평일에는 전화로도 불만을 제기할 수 있다. 불만을 제기할 때는 문제가 된 기사가 무엇인지, 언제 발행됐는지, 어디서 봤는지(종이신문인지, 온라인인지, 모바일 앱인지 등), 어떤 점이 문제인지(500자 이내로), 그리고 '편집 규약' 중 어떤 부분이 위반됐는지를 명시해야 한다.

불만을 접수하면 자동으로 답장이 가고, 72시간 안에 불만을 처리할지 여부를 알려준다. 보통은 필요한 정보를 다 받은 뒤 28일 안에 실질적인 답변을 주는데, 기자들을 만나기 어렵거나 연락이 잘 안 되는 등 복잡한 경우에는 더 오래 걸릴 수도 있다. 같은 문제로 여러 사람이 불만을 제기하면 모두에게 각각 답하지는 않을 수도 있다.

하지만 몇 가지 경우는 불만 처리를 하지 않는다. 직접적인 영향을 받지 않은 사람의 불만이나, 너무 사소하거나 가상의 불만, 특정 관점을 주장하거나 로비하려는 시도, 광고 관련 불만(특별한 경우 제외), 가디언 독자 서비스 관련 불만, 법적 불만, 구독이나 배송, 기술적인 문제 등이 여기에 해당한다.

'독자의 편집인'의 답변이 만족스럽지 않으면 외부 검토 기구인 '리뷰 패널(Review Panel)'에 다시 이의를 제기할 수 있으며, 그 결과는 〈그림 3-8〉과 같이 모두 공개된다. 가디언의 리뷰 패널(Review Panel)은 2014년 스콧 트러스트(The Scott Trust)가 설립한 외부 검토 기구로, '독자의 편집인'으로부터 불만 처리 결과를 받았지만 그 결과에 만족하지 못하는 독자들에게 신속하고 효율적인 재검토 기회를 제공하는 것이 목적이다.

〈그림 3-8〉 가디언 '리뷰 패널'의 결정 결과

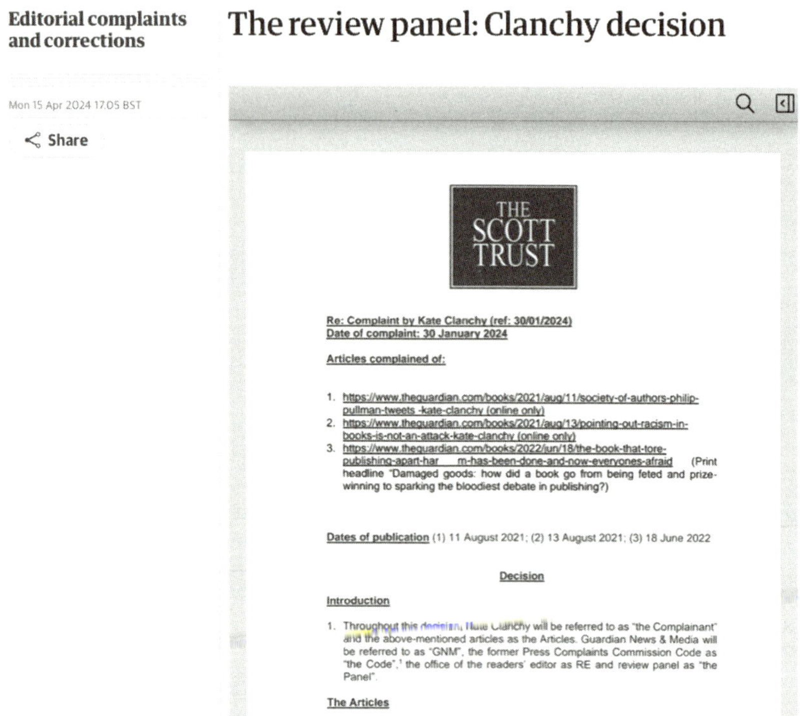

Editorial complaints and corrections

The review panel: Clanchy decision

Mon 15 Apr 2024 17.05 BST

Share

THE SCOTT TRUST

Re: Complaint by Kate Clanchy (ref: 30/01/2024)
Date of complaint: 30 January 2024

Articles complained of:

1. https://www.theguardian.com/books/2021/aug/11/society-of-authors-philip-pullman-tweets -kate-clanchy (online only)
2. https://www.theguardian.com/books/2021/aug/13/pointing-out-racism-in-books-is-not-an-attack-kate-clanchy (online only)
3. https://www.theguardian.com/books/2022/jun/18/the-book-that-tore-publishing-apart-har m-has-been-done-and-now-everyones-afraid (Print headline "Damaged goods: how did a book go from being feted and prize-winning to sparking the bloodiest debate in publishing?)

Dates of publication (1) 11 August 2021; (2) 13 August 2021; (3) 18 June 2022

Decision

Introduction

1. Throughout this decision, Kate Clanchy will be referred to as "the Complainant" and the above-mentioned articles as the Articles. Guardian News & Media will be referred to as "GNM", the former Press Complaints Commission Code as "the Code",[1] the office of the readers' editor as RE and review panel as "the Panel".

The Articles

출처: https://www.theguardian.com/info/2024/apr/15/the-review-panel-clanchy-decision

검토 요청은 인쇄물의 경우 발행일로부터 4개월 이내, 온라인 콘텐츠의 경우 12개월 이내에 '독자의 편집인'에게 제기된 실질적인 불만 사항에 한해 고려된다. 패널은 접수된 불만을 3개월 이내에 검토하는 것을 목표로 하며, 지연이 필요한 경우 불만 제기자, '독자의 편집인'과 가디언 편집국장에게 진행 상황을 계속 알린다.

리뷰 패널은 불만이나 '독자의 편집인'의 평가에 대해 명확히 할 필요가 있는 부분에 대해서는 설명을 요구할 수 있지만, 기본적인 사실에 대한 새로운 조사는 하지 않는다. 패널의 임무는 제시된 서신을 바탕으로 '독자의 편집인'의 결정이 합리적이었는지를 검토하는 것이다. 한편, 리뷰 패널의 결정은 최종적인 것으로 패널이 편집인 강령 위반을 확인하거나 위반 사항에 대해 다른 해결책이 필요하다고 판단할 경우, 정정, 내용 수정이나 삭제, 사과, 반론권 부여 등 다양한 해결책을 권고할 수 있다.

2) NPR

미국의 비영리 공영 라디오 방송 네트워크인 NPR(National Public Radio)은 가디언의 '독자의 편집인'과 비슷한 '공공 편집인(Public Editor)'[20] 제도를 운영하고 있다. NPR 이사회가 만든 이 직책은 편집국과 이용자 사이의 가교 역할을 수행하며 독립적으로 운영된다. '공공 편집인'은 이용자의 우려사항을 경청하고 편집국의 업무를 설명하는 두 가지 역할을 모두 수행하고 있다. '공공 편집인'은 NPR이 재정을 지원하고 NPR의 CEO가 선임하지만, 주제 선정, 불만 사항 조사, 문제 해결에 있어 완전한 자율성을 가지고 있다.

NPR은 이용자들이 NPR의 콘텐츠에 불만이 있을 경우 언세든지 '공공 편집인'에게 연락을 취할 수 있도록 모든 페이지의 하단에 관련 링크를 제공하고 있다. 해당 링크를 클릭하면 〈그림 3-9〉와 같이 메뉴바 형식으로 특정 항목이 제공된다.

20) https://www.npr.org/sections/publiceditor/2016/12/14/505405614/about-the-public-editor

〈그림 3-9〉 NPR의 기사 관련 의견/불만 접수 메뉴

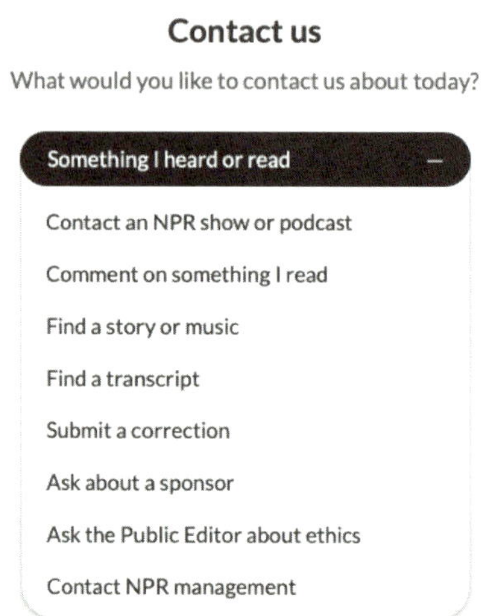

출처: https://help.npr.org/contact/s/?target=help-articles

이 중 원하는 것을 선택하면 〈그림 3-10〉과 해당 내용을 채울 수 있는 기본 양식이 제공된다.

〈그림 3-10〉 NPR의 기사 관련 의견/불만 접수 양식

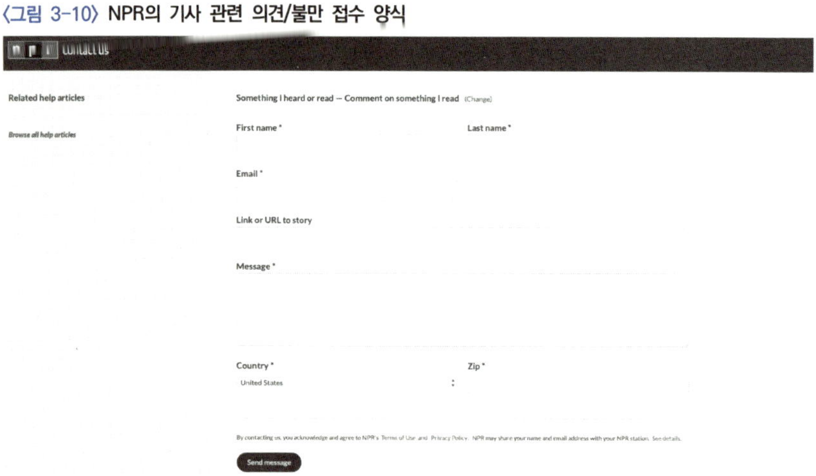

출처: https://help.npr.org/contact/s/contact?request=Comment-on-something-I-read

이 내용을 입력하면 '공공 편집인'에게 자동으로 이메일이 발송된다는 점이 가디언과 가장 큰 차이점이다. NPR의 페이스북과 트위터 계정 등을 통해서도 연락할 수 있다.

5. 콘텐츠 신뢰 증명

1) C2PA

C2PA(Coalition for Content Provenance and Authenticity)[21]는 디지털 콘텐츠의 진본성과 출처를 증명하기 위한 기술 표준을 개발하는 연합체다. 생성형 AI의 발전 등으로 인해 디지털 콘텐츠는 매우 쉽게 수정되고 공유될 수 있다. 이에 따라 허위정보나 조작된 콘텐츠가 빠르게 확산되는 문제가 발생하고 있다. 이렇듯 현대 사회에서 디지털 콘텐츠의 신뢰성이 중요해지면서 이 프로젝트가 주목 받고 있다. C2PA는 이러한 문제를 해결하기 위해 콘텐츠의 생성부터 수정까지의 모든 과정을 추적하고 증명할 수 있는 기술을 제공하는 것을 목표로 하고 있다. C2PA는 워싱턴에 기반을 두고 기술 표준과 규격을 개발하는 협업 프로젝트를 지원하는 비영리 단체 '공동 개발 재단(Joint Development Foundation)'[22]에서 주관하고 있다.

C2PA는 2019년 시작된 두 개의 '선도 사업(Initiative)'을 통합하여 시작됐다. 이 두 개의 선도 사업 중 하나는 어도비(Adobe)가 뉴욕타임스, 트위터 등과 함께 시작한 'CAI(Content Authenticity Initiative)'[23]이고, 다른 하나는 BBC, CBC 라디오 캐나다, 마이크로소프트, 뉴욕타임스 등이 함께 시작

21) https://c2pa.org
22) https://jointdevelopment.org/
23) https://contentauthenticity.org/

한 '프로젝트 오리진(Project Origin)'이다. CAI는 디지털 미디어의 출처와 역사를 추적하는 데 중점을 두었고, 프로젝트 오리진은 디지털 뉴스의 진실성을 보장하는 것을 목표로 하였다. C2PA는 이 두 프로젝트의 목표를 통합하여 더 포괄적인 기술 표준을 만들고자 시작됐다.

C2PA의 핵심은 'Content Credentials'라는 일종의 '콘텐츠 자격 증명서'다. 'Content Credentials'는 콘텐츠에 대한 출처와 변경 이력을 증명하는 메타데이터 패키지로 디지털 콘텐츠의 '디지털 여권' 혹은 '신분증'이라고 생각하면 이해하기 쉽다.

〈그림 3-11〉 BBC가 자사의 기사에 발행한 'Content Credentials' 사례

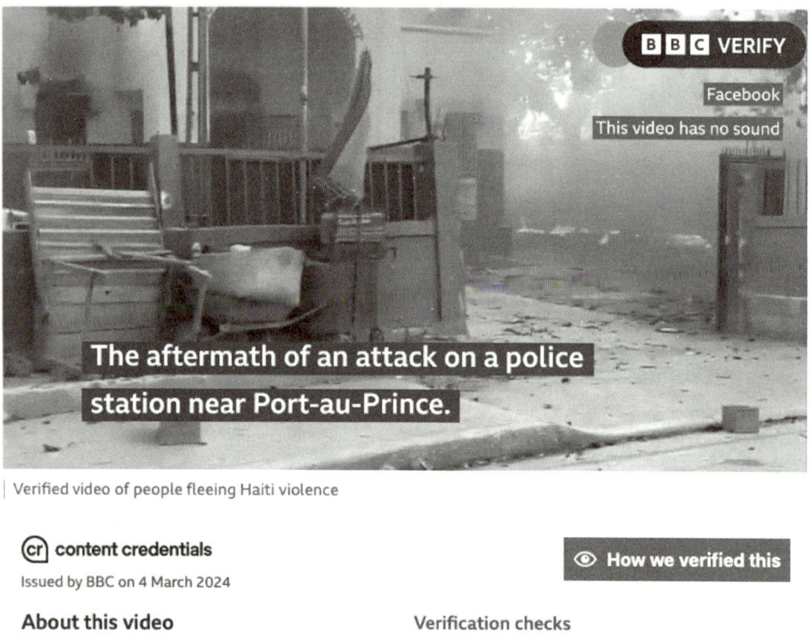

출처: https://www.bbc.com/news/world-latin-america-68462851

〈그림 3-11〉은 "아이티 폭동: 대규모 탈옥 사건 후 갱단들이 총리 사임 요구(Haiti violence: Haiti gangs demand PM resign after mass jailbreak)"[24]라는 기사 내에 삽입되어 있는 영상에 대해 C2PA 규칙에 따라 'Content Credentials'를 발급한 사례다. 영상 상단 오른쪽에서 'BBC Verify'라는 문구를 고정해 BBC가 내용을 확인했다는 점을 명확히 하고 영상 밑에 있는 상자에 2024년 3월 24일 BBC가 'Content Credentials'을 발행했음을 명기한다. 영상 아래 상자 오른쪽에 "어떻게 이것을 확인했나(Hoe we verified this)"의 파란색 버튼을 클릭하면 〈그림 3-12〉와 같이 콘텐츠 신뢰를 증명하기 위한 내용과 과정이 자세하게 서술된다.

먼저, 해당 영상에 대해 "이 영상은 아이티 포르토프랭스의 그랑 묘지를 통해 사람들이 도망치는 모습을 보여준다. (소셜 미디어 사용자가 이전 영상의 총성 소리를 오해의 소지가 있게 편집했기 때문에 오디오를 제거했다). 이어서 수도 북쪽에 위치한 카바레 경찰서에서 발생한 사건의 여파를 보여준다."라고 내용을 설명해 왜 이 영상이 묵음 처리 됐는지 설명한다. 다음 해당 영상이 '틱톡' 플랫폼에 2024년 3월 6일에 게재되었음을 명기한다. 또한, 해당 영상이 촬영된 지점의 위도와 경도 정보를 제공한 뒤 그 지점을 구글 지도에서 확인할 수 있도록 링크한다. 이어 "편집 지침에 따라 기술적 품질을 개선하기 위해 이 콘텐츠에 표면적인 편집이 이루어졌다."라며, 해당 영상에 대해 품질 개선 목적의 편집이 더해졌음도 명기한다.

이러한 기본 정보를 제공한 이후에는 오른쪽 공간을 통해 'BBC Verify' 팀이 어떻게 이 영상을 검증했는지 과정을 설명한다. 그 내용을 그대로 번역해 보면, "묘지에서 촬영된 영상은 3월 2일 토요일 17시 50분(현지시각 12시 50분)에 처음으로 틱톡에 업로드됐다"로 시작한다.

24) https://www.bbc.com/news/world-latin-america-68462851

〈그림 3-12〉 BBC 기사에 발행된 'Content Credentials'에 대한 내용 설명

content credentials

Issued by BBC on 4 March 2024

Hide

About this video

The video shows people fleeing through the Grand Cemetery in Port-au-Prince, Haiti. (We have muted the audio as it had been misleadingly edited by a social media user to include sounds of gunfire taken from an earlier video). Then it shows the aftermath of an incident at Cabaret police station, north of the capital.

Posted on
TikTok

Created
6 March 2024

Location
18.534108, -72.344307 View map

Edits
Superficial edits were made to this content to improve technical quality, in line with editorial guidelines.

Verification checks

Completed by BBC Verify

The video from the cemetery was first uploaded to TikTok on Saturday 2 March at 1750G (1250 local).

We've matched the gravestones, a large tree and other landmarks to existing images found Google Maps for the Grand Cemetery. The direction of the shadows observed indicates it was filmed in the morning.

The audio on the video is not verified - much of the gunfire noise has been edited in from an older video not filmed in Haiti.

The second video, of the police station, is from a Facebook post published on Sunday evening 3 March. We found no earlier versions of this video online.

Signage in the video matches that of the police Cabaret police station, both in an online image search and from a UN press release from 2018 when the station was inaugurated.

The police station lies about 20km north of the capital, Port-au-Prince.

(Location coordinates 18.736593, -72.417569)

Correction 28 March: We constantly review our verification. In the original video you could hear gunfire - it has since been drawn to our attention that most of this was misleadingly edited in from an older unrelated video by a social media user. In line with our commitment to transparency, we have reviewed the video and muted the relevant passage of audio and amended our captions.

출처: https://www.bbc.com/news/world-latin-america-68462851

이후 "우리는 구글맵에서 찾은 그랑 묘지의 기존 이미지와 비교하여 묘비, 큰 나무와 그 외 랜드마크들이 일치하는 것을 확인했다. 영상에서 보이는 그림자의 방향으로 보아 아침 시간에 촬영된 것으로 확인된다. 영상의 오디오는 확인되지 않았다 - 총성 소리의 대부분이 아이티에서 촬영되지 않은 더 오래된 영상에서 편집되어 추가된 것이다. 경찰서를 촬영한 두 번째 영상은 3월 3일 일요일 저녁에 페이스북에 게시된 것이다. 우리는 이 영상의 더 이전 버전을 온라인에서 찾지 못했다. 영상에 나오는 간판은 온라인 이미지 검색과 이 경찰서가 개소했을 때인 2018년 UN 보도자료에서 확인된 카바레 경찰서의 간판과 일치한다. 이 경찰서는 수도 포르토프랭스에서 북쪽으로 약 20km 떨어진 곳에 위치해 있다.(위치 좌표 18.736593, -72.417569)"라며 자신들이 해당 내용을 확인한 과정을 자세하게 설명한다.

또한, 마지막으로 "3월 28일 정정: 우리는 지속적으로 검증을 진행하고 있다. 원본 영상에서 들리던 총성 소리의 대부분이 소셜 미디어 사용자에 의해 관련 없는 더 오래된 영상에서 오해의 소지가 있게 편집되어 추가된 것이 확인됐다. 투명성에 대한 우리의 약속에 따라, 우리는 영상을 검토하여 관련 오디오 부분을 제거하고 자막을 수정했다."라며, 해당 영상에 대한 수정 편집 내용 정보까지 추가로 제공한다.

C2PA는 이러한 콘텐츠 자격 증명서와 증명 과정을 가능한 쉽게 확인할 수 있도록 해 주는 기술 표준을 개발하려는 프로젝트다. C2PA의 핵심이 되는 매니페스트(Manifest)는 디지털 콘텐츠의 진본임을 증명하는 데이터 패키지로, 다음 세 가지 요소로 구성된다. '주장(Assertion)'은 콘텐츠의 생성, 편집, 기기 정보 등에 대한 구체적인 정보들이다. 클레임(Claim)은 'Assertion'들을 포함하는 상위 단위이며, '클레임 서명(Claim Signature)'은 디지털 서명으로

정보의 무결성을 보장한다. 'Content Credential'는 이러한 매니페스트들과 디지털 자산에 출처 데이터(provenance data)를 포함하는 저장소다.

한편, 이렇듯 콘텐츠 신뢰를 위해 많은 정보를 통해 투명성을 구현하려는 시도가 신뢰 제고에 효과적일지, 오히려 많은 정보 때문에 이용자들이 부담을 느낄지 아직은 확인하기 어렵다. 이러한 이유로 BBC는 'Content Credential'가 발행된 콘텐츠에 대해 지속적으로 〈그림 3-13〉과 같이 3문항으로 구성된 이용자 대상 설문을 진행하고 있다.

〈그림 3-13〉 BBC가 자사의 기사에 발행한 'Content Credentials' 사례

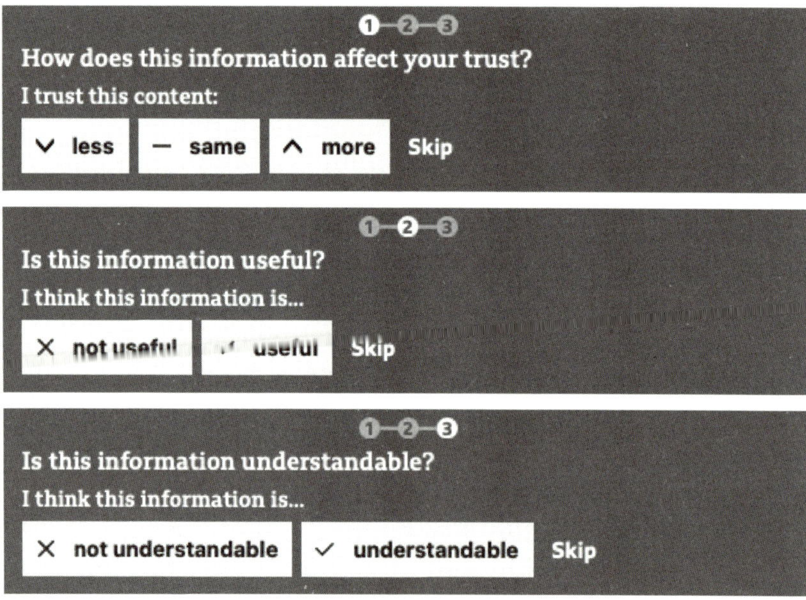

출처: https://www.bbc.com/news/world-latin-america-68462851

현재 C2PA에는 어도비, 아마존, 구글, 인텔, 메타, 마이크로소프트, 오픈AI 등 기술 기업과, BBC, 프랑스의 광고 회사인 Publicis Groupe, 콘텐츠 기업인 Sony, 콘텐츠 진위 여부 확인 기술 기업인 Truepic 등 11개 업체가 운영위

원회를 구성하고 있으며, 캐논, 딜로이트, 게티이미지, NHK 등 34개사가 일반 회원으로 참여하고 있다. 이 외 유니버셜 스튜디오, 네이버, EA 등 174개 업체가 기여 회원(Contributor Members)으로 참여하고 있다.

2) 데스크 실명제

'데스크 실명제'란, 〈그림 3-14〉와 같이 기사에 기자 이름과 함께 기사 작성 책임자인 데스크의 이름을 담는 제도이다. 데스크 실명제는 현재의 기자 바이라인에 데스크의 바이라인을 더해 책임감을 높이고 이용자에게 책임 있는 보도를 약속하는 방식이다.

〈그림 3-14〉 쿠키뉴스의 데스트 실명제 사례

기자는 상대방을 모른다. 그러나 누군가는 기자의 유전자를 갖고 새 삶을 살아갈 수 있을 것으로 보인다. 그 가족들에게도 웃음을 줄 수 있을지 모른다. 가능하다면 기사를 읽은 독자들에게 조혈모세포 기증 신청을 권하고 싶다. 기증 희망자가 많아지는 만큼 제도적인 변화도 따라올 수 있을 것으로 생각된다. 혈액암 환자에게 가능성을 열어줄 수도 있다. 가능성이 없는 것과 열려 있는 것은 다르다. 신청을 하는 것만으로도 누군가 희망을 얻을 수 있다는 것은 분명하다.

이 기사는 김건주 기자가 쿠키뉴스 윤리강령, 보도준칙에 따라 작성하고 정순영 데스크가 확인했습니다.

출처: https://m.kukinews.com/article/view/kuk202412020107

국내에서 데스크 실명제를 가장 먼저 도입한 '쿠키뉴스'는 이 제도 도입 당시 이용자보다는 인터넷 신문의 데스킹 기능을 강화하기 위한 목적이 더 컸다. 지면과 달리 언제든지 수정 삭제가 가능한 인터넷 매체에서는 일단 기사부터 보내고 나중에 수정 보완하면 된다는 생각이 일반적이었기 때문이다. 속보 상황이더라도 1보부터 데스크가 자기 책임하에 기사를 보내도록 하자는 취지에서 데스크 실명제를 구상한 것이다.

쿠키뉴스는 다만, 현실을 감안하여 모든 기사에 적용하지는 못했고, 데스크의 역할이 큰 기사들, 예를 들어 기획기사나 단독기사, 심층적인 해설 기사 등에 선택적으로 데스크 실명제를 적용했다. 제한적인 적용이었지만 이용자들의 반응은 상당히 긍정적이었다. 데스크 실명제를 명기한 기사에 달린 댓글을 보면 매체 차원에서 기사에 책임을 지려고 노력한다는 점을 알아보고 칭찬하는 내용이 많았다. 최소한의 노력으로 높은 효과를 거둔 셈이다.

데스크들 중에는 데스크 실명제에 부담을 느끼는 경우도 있었다. 쿠키뉴스가 데스킹의 기준이 되는 윤리 강령, 보도 준칙 등을 담은 취재보도 가이드[25] 등을 함께 발표한 이유다. 데스크들에게 명확한 가이드라인이 있어야 본인의 실명을 드러내는 부담을 덜 수 있다는 판단이었다. 데스크 실명제에 대한 이용자 반응이 긍정적으로 나오면서 이 제도는 무난히 안착할 수 있었다.

문제는 바이라인이 악용될 수 있다는 점이다. 대부분의 바이라인에는 이메일이 포함되는데, 투명성 차원에서 공개한 이메일을 악용해 여기자에게 이메일로 성폭력적인 악담을 퍼붓거나 스토킹을 하는 사례도 적지 않기 때문이다. 이런 상황에서 투명성 차원에서 실명 및 이메일 등을 강조하는 것이 기자의 책임을 높이는 효과보다 오히려 기자에게 위험을 가중시키는 것은 아닌가 하는 우려도 존재한다.

25) https://fattykim.notion.site/6627117f581e4cacb47624f5e57a455c

04 언론 신뢰도 향상을 위한 투명성 장치 효과 실험 연구

1. 투명성 효과 실험 배경

한국 사회에서 언론에 대한 신뢰 하락 문제는 오랫동안 중요한 의제로 다루어져 왔다. 언론 신뢰도 제고를 위한 신뢰도 하락의 현상과 원인, 그리고 대처 방안에 관한 많은 연구가 있었으나(강명구 외, 2001; 김경모, 이승수, 2018; 김위근 외, 2018; 민영, 2016; 배정근 외, 2021; 오세욱, 송해엽, 2022; 이소은, 오현경, 2021; 오현경, 2022), 한국 언론의 신뢰도는 여전히 제자리걸음을 하거나 오히려 하락하는 추세를 보이고 있다. 최근 발표된 〈디지털 뉴스 리포트 2024〉에 따르면, '뉴스를 신뢰한다'라고 답한 한국 응답자는 31%로 조사 대상국 47개국 중 38위에 그쳐 세계에서 하위권에 머물렀다(이현우 외, 2024). 언론 신뢰 하락의 결과가 공론장의 역할을 약화시키고, 시민들의 의사 결정 능력을 저해하며, 사회적 연대를 저하시킬 수 있는 심각한 문제로 이어질 수 있다는 점을 고려할 때(Kovach & Rosenstiel, 2014), 언론의 신뢰를 회복하는 것은 매우 시급한 과제임에 틀림없다.

오랫동안 학자들은 뉴스 콘텐츠의 품질을 높이는 것이 언론 신뢰도를 향상시키는 방법이라고 생각해 왔다(김위근 외, 2018; 이소은, 오현경, 2021). 뉴스 콘텐츠의 품질은 뉴스의 정확성, 공정성, 객관성, 중립성 등의 여러 요소로 구성되어 있으며, 독자들에게 신뢰할 만한 정보를 제공하기 위한 필수적인 요인으로 여겨져 왔다. 예를 들어, 뉴스의 공정성과 중립성은 독자들에게 편향되지 않은 정보를 제공함으로써 신뢰를 형성하는 데 중요한 역할을 하는 것이다.

최근에는 '투명성(transparency)' 이라는 요소가 언론의 신뢰를 구축하는 데 중요한 역할을 할 수 있다는 주장이 제기되고 있다. 언론의 투명성은 일반적으로 뉴스 콘텐츠가 어떻게 만들어지는지에 대한 주체와 과정에 관한 정보 공개와 관련되며(disclosure transparency), 이는 뉴스 기사의 정보 출처와 편집 과정, 작성자의 윤리적 책임을 명확히 공개하는 것을 의미한다(Karlsson, 2010). 구체적으로는 기사의 수정 이력 공개, 뉴스와 분석, 의견, 광고 등 기사 라벨링, 인용한 정보 출처를 담은 각주 공개, 기사 작성 배경 설명 제공, 데스크 실명제를 통해 기자 이름과 직책 등의 정보를 공개하여 기사 작성의 책임성을 강조하는 방법 등이 있다(Curry & Stroud, 2021).

특히 디지털 플랫폼에서는 정보의 빠른 업데이트로 인해 기사의 수정이 필요한 경우들이 많아 기사 수정 이력 공개가 투명성을 높이는 중요한 장치로 자리잡아가고 있다. 뉴욕타임스는 매일 수정된 기사를 공개함으로써 언론의 투명성을 높이는 노력을 하고 있다. 실제로 토프 등(Toff et al., 2021)의 연구에 따르면, 일부 수용자는 언론사가 잘못된 기사를 수정하는 모습을 보았을 때 신뢰도가 상승하는 것으로 나타났다. 또한, 육은희(2020)의 연구에서는 수정 원인을 함께 제시했을 때 매체 신뢰도의 긍정적 변화가 더 크게 나타났다.

반면 언론사의 오보 트윗과 이를 정정하는 트윗에 순차적으로 노출될 때 정보의 정확성은 높아지지만, 언론사에 대한 신뢰는 오히려 감소하는 딜레마가 발생할 수 있다는 연구도 존재한다. 연구진은 이러한 현상을 '수정의 딜레마(correction dilemma)'로 명명하며, 투명성과 신뢰도의 반비례 관계를 지적하였다(Freitag et al., 2024). 비슷하게, 바흐만과 발렌수엘라(Bachmann

& Valenzuela, 2023)는 칠레의 뉴스 수용자들을 대상으로 오보 이후 팩트체크 뉴스에 노출되는 것이 언론 신뢰도에 미치는 영향을 조사하였다. 연구 결과, 수용자의 절반에서 팩트체크 뉴스 노출이 뉴스 콘텐츠와 언론사에 대한 신뢰를 모두 감소시키는 것으로 나타났다. 투명성의 선한 의도와는 별개로 기존 연구들은 상반된 결과를 보이고 있어 투명성의 효과에 대한 보다 심층적인 연구가 필요한 상황이다.

정보 공개의 투명성(disclosure transparency) 외에도, 독자 댓글과 같이 참여를 통해 구현되는 참여 투명성(participatory transparency)도 존재한다(Karlsson, 2010). 디지털 저널리즘의 등장과 함께 비교적 최근 도입된 참여 투명성의 한 예로, 독자들이 직접 기사의 문제점이나 오류를 신고할 수 있는 장치를 들 수 있다. 참여 투명성은 독자들을 뉴스 제작 과정에 참여시켜 그들이 뉴스 제작 과정을 이해하고 언론에 대한 신뢰를 형성하는 데 기여할 뿐만 아니라, 단순히 정보를 제공하는 것을 넘어 독자와의 관계 형성에 핵심적인 요소로 작용하게 된다(Karlsson, 2010). 그러나 아직 참여 투명성에 대한 연구가 부족한 상황이며, 공개 투명성에서 발생할 수 있는 예상치 못한 부작용이 참여 투명성에서도 나타날 가능성이 있다는 점에서 이에 대한 심층적인 연구가 요구된다.

그동안 국내 언론 신뢰도 관련 연구는 언론 신뢰도 하락의 현상 자체와 원인을 탐색하거나(강명구 외, 2001; 김경모, 이승수, 2018; 민영, 2016; 오현경, 2022) 저널리즘의 대처 방안과 정책적 과정을 논의하는 데 초점을 맞춰왔다(김위근 외, 2018; 배정근 외, 2021). 그 결과 실천적 차원에서의 구체적인 노력을 분석한 연구는 매우 제한적이며, 특히 실제 사용 중인 투명성 장치가 독자에게 미치는 영향을 실증적으로 분석한 연구는 거의 없다. 이에 본 연구에서는 언론이 신뢰성 제고를 위해 도입할 수 있는 다양한 투명성 향상 장치들의 실질적인 영향력을 파악하고자 하며, 세 가지 온라인 설문실험을 통해 뉴스 이용자들의 신뢰도를 중심으로 한 인식과 태도를 분석하여 그 효과를 살펴보고자 한다.

2. 투명성 효과 실험 1

본 연구의 첫 번째 실험에서는 언론 신뢰도 향상을 위한 시도 중 하나인 〈기사 수정 이력제〉의 효과를 검증하기 위해 온라인 설문실험을 진행하였다. 〈실험 1〉은 가상의 온라인 뉴스 기사에서 일부 내용을 수정하거나 추가된 내용과 출처를 표시하는 방식이 독자에게 미치는 영향을 분석하고자 하였다. 구체적으로 〈기사 수정 이력제〉에 대한 독자들의 태도, 기사와 기자에 대한 신뢰도, 언론사에 대한 호감도와 재이용 의향 등을 조사함으로써 〈기사 수정 이력제〉가 독자들에게 미치는 영향을 파악하고자 하였다.

1) 사전조사

본 연구의 실험 처치물이 조작한 변인들을 잘 반영하고 있는지 확인하기 위해, 2024년 8월 사전조사를 진행했다. 자료 수집을 위해 전문 리서치회사인 ㈜마크로밀엠브레인에 의뢰해 만 19세 이상의 뉴스를 이용하는 성인을 대상으로 전국 규모의 온라인 설문실험조사를 진행했다. 해당 조사회사가 확보하고 있는 온라인 패널을 대상으로 이메일을 보내 참가자를 모집했고, 응답자들은 각자의 이메일을 통해 전달받은 온라인 링크로 접속해 설문지에 답하는 방식으로 실험에 참여했다. 설문실험조사를 종료한 뒤에 실험 처치물의 적합성과 측정 문항에 대한 의견을 수렴하였다. 사전조사 결과, 각 집단에 속한 70%이상의 참가자들이 연구들이 의도한 대로 처치물을 제대로 인식하였다. 사전조사를 진행하는 과정에서 응답자들이 조금 더 쉽게 투명성 장치들을 인지할 수 있도록 해야 한다는 의견이 나왔고 해당 내용을 반영해서 실험 처치물과 문항을 일부 수정한 뒤 본 조사를 실시하였다.

2) 실험 참여자

자료 수집을 위해 전문 리서치회사인 ㈜마크로밀엠브레인에 의뢰해 만 19세 이상의 뉴스를 이용하는 성인을 대상으로 전국 규모의 온라인 설문실험조사를 진행했다. 해당 조사회사가 확보하고 있는 온라인 패널을 대상으로 이메일을 보내 참가자를 모집했고, 응답자들은 각자의 이메일을 통해 전달받은 온라인 링크로 접속해 설문지에 답하는 방식으로 실험에 참여했다. 설문실험 조사는 2024년 9월 3일부터 9월 6일까지 4일 간 진행했다. 설문 시작 단계에서 뉴스를 전혀 이용하지 않는다고 답한 응답자들을 설문 대상에서 제외하고 성별과 연령 기준으로 동일하게 할당 표집하여 총 4개 집단에 무작위로 배치하였다.

콜리스카(Koliska, 2022)의 연구 결과에 따르면, 독자들은 뉴스 기사에 포함된 투명성 요소를 인식하고 기억하는 데 어려움을 겪는 것으로 나타났다. 이에 본 연구에서는 기사 내용과 투명성 실험 처지를 정확히 인지했는지를 확인하기 위해 두 가지 조작점검 문항을 사용하였고, 이 질문에 정확하게 응답한 응답자의 데이터만 최종 표본 분석에 포함하였다. 최종적으로 각 4개의 집단에 80명씩, 총 320명이 표본에 선정되어 본 연구의 주요 분석에 사용되었고, 표본들의 인구통계학적 특성은 〈표 4-1〉과 같다.

〈표 4-1〉〈실험 1〉 참여자의 인구사회학적 특성

구분		사례 수(명)	비율(%)
성별	남성	160	50
	여성	160	50
연령	만 19세 이상 ~ 만 29세 미만	80	25
	만 30세 이상 ~ 만 39세 미만	80	25
	만 40세 이상 ~ 만 49세 미만	80	25
	만 50세 이상	80	25
거주지역	서울	92	28.7
	인천·경기	110	34.3
	경상권	62	19.4
	전라권	18	5.7
	세종·충청권	28	8.8
	강원·제주	10	3.2
교육수준	고등학교 이하	34	10.6
	대학 졸업	252	78.8
	대학원 졸업	34	10.6
월평균 가구소득	200만원 이하	17	5.3
	201만원 이상 ~ 300만원	50	15.6
	301만원 이상 ~ 400만원	59	18.4
	401만원 이상 ~ 500만원	41	12.8
	501만원 이상 ~ 600만원	51	15.9
	601만원 이상 ~ 700만원	23	7.2
	701만원 이상 ~ 800만원	24	7.5
	801만원 이상 ~ 900만원	22	6.9
	901만원 이상 ~ 1000만원	17	5.3
	1000만원 초과	16	5.0
뉴스 소비량	조금 소비함	21	6.6
	보통	134	41.9
	자주 소비함	86	26.9
	매우 자주 소비함	79	24.7
기성 언론 신뢰도	매우 신뢰한다	5	1.6
	신뢰하는 편이다	90	28.1
	신뢰도 불신도 않는다	152	47.5
	신뢰하지 않는 편이다	58	18.1
	매우 신뢰하지 않는다	15	4.7

3) 실험 자극

언론 신뢰도 향상을 위해 언론사들이 시도하고 있는 〈기사 수정 이력제〉의 효과를 집중적으로 분석하였다. 기존 언론사의 신뢰도와 인지도의 영향을 배제하기 위해 가상의 인터넷 언론사가 작성한 온라인 기사를 자극물로 활용하였다. 이 가상의 기사는 정치적 편향성이나 편견의 영향을 최소화하기 위해 정치적 성향과는 비교적 무관하면서도 사람들의 일상생활에서 중요한 문제로 떠오르고 있는 스팸 메시지와 관련된 사건/사고 형식으로 구성되었다. 통제집단(1)에 속한 참여자들에게는 기사 본문만 제공되었고, 집단(2)의 참여자들이 노출된 자극물에는 기사 하단에 기사의 일부분이 수정된 내용이 첨부되었으며, 집단(3)의 참여자들에게는 수정된 기사 내용과 새롭게 추가된 내용이 기사 하단에 덧붙여있는 자극물이 제공되었다. 마지막으로 집단(4)에 속한 참여자들에게는 수정 및 추가된 기사 내용 그리고 추가된 내용의 출처가 포함된 자극물이 제공되었다. 처치 집단별로 자극물은 〈그림 4-1〉, 〈그림 4-2〉, 〈그림 4-3〉, 〈그림 4-4〉와 같다.

4) 실험 절차

실험 참여자들은 각 집단에 무작위로 배치된 후, 먼저 자신의 뉴스 콘텐츠 이용 행태와 기성 언론에 대한 신뢰도를 측정하는 질문에 응답하였다. 이후, 가상의 뉴스 기사인 자극물에 노출된 뒤 기사에 등장한 사건과 관련된 개인적 관련성에 관한 질문 및 〈기사 수정 이력제〉에 대한 태도를 측정하는 문항에 각각 응답하였다. 다음으로 기사 신뢰도 및 평가, 기사를 작성한 기자에 대한 평가, 언론사 평가, 언론사 재이용 의향, 뉴스 기사 추천 및 공유 의향에 관한 질문에도 차례대로 응답하였다. 마지막으로 정치 성향과 인구통계학적 정보에 응답한 뒤 설문실험조사를 마무리하였다. 조사 종료 후에는 실험 자극물이 연구 목적을 위해 가상으로 제작되었음을 설명하는 디브리핑(debriefing)을 실시하였다.

〈그림 4-1〉 〈실험 1〉 '집단 1'에 대한 실험 자극물

대한민국
안심뉴스

기사 검색

전체 지역 정치 경제 사회 문화 IT·과학 국제 스포츠 연예 기타 사설·칼럼

우체국 집배원 사칭 전화금융사기 주의보

입력 2024년 8월 22일 오전 08:26

경찰청 국가수사본부는 우체국 집배원이나 택배기사 등을 사칭해 개인정보를 탈취하고 금전을 요구하는 전화금융사기 범죄가 발생하고 있다며 주의를 당부했다.

이들은 "○○카드가 신청됐다", "김치냉장고 주문을 확인해달라" 등의 말로 피해자에게 접근한다. 피해자가 속으면 카드사 고객센터나 금융감독원을 사칭해 원격제어 앱 설치를 유도하거나, 검찰청 직원을 사칭해 협박하며 돈을 요구하는 수법을 쓴다.

특히 최근에는 원격제어 앱을 이용해 피해자 휴대폰에 악성 앱을 설치하고, 범행 증거를 인멸하는 사례가 늘고 있다. 또, 새로운 휴대전화 개통을 요구해 피해자 감시와 범행 은폐에 활용하기도 한다.

경찰은 "낯선 전화나 문자로 카드 신청, 상품 결제 등을 확인받으면 즉시 전화를 끊고 해당 기관 대표번호나 112에 신고해야 한다"고 강조했다. 또한, "수사기관은 절대 보안 유지 목적으로 원격제어 앱 설치나 휴대전화 신규 개통을 요구하지 않는다"며 각별한 주의를 당부했다.

경찰청은 전화금융사기 예방을 위해 관련 홍보 영상을 제작해 경찰청 유튜브 채널에 게시했다. 자세한 내용은 경찰청 마약조직범죄수사과(02-0150-0141)에서 확인할 수 있다.

김지원 기자 (jiwon@k-ansim.co.kr)

〈그림 4-2〉 〈실험 1〉 '집단 2'에 대한 실험 자극물

대한민국 안심뉴스

기사 검색

전체 지역 정치 경제 **사회** 문화 IT·과학 국제 스포츠 연예 기타 사설·칼럼

우체국 집배원 사칭 전화금융사기 주의보

입력 2024년 8월 22일 오전 08:26 / 수정 2024년 7월 22일 오후 01:34

경찰청 국가수사본부는 우체국 집배원이나 택배기사 등을 사칭해 개인정보를 탈취하고 금전을 요구하는 전화금융사기 범죄가 발생하고 있다며 주의를 당부했다.

이들은 "○○카드가 신청됐다", "김치냉장고 주문을 확인해달라" 등의 말로 피해자에게 접근한다. 피해자가 속으면 카드사 고객센터나 금융감독원을 사칭해 원격제어 앱 설치를 유도하거나, 검찰청 직원을 사칭해 협박하며 돈을 요구하는 수법을 쓴다.

특히 최근에는 원격제어 앱을 악용해 피해자 휴대폰에 악성 앱을 설치하고, 범행 증거를 인멸하는 사례가 늘고 있다. 또, 새로운 휴대전화 개통을 요구해 피해자 감시와 범행 은폐에 활용하기도 한다.

경찰은 "낯선 전화나 문자로 카드 신청, 상품 결제 등을 확인받으면 즉시 전화를 끊고 해당 기관 대표번호나 112에 신고해야 한다"고 강조했다. 또한, "수사기관은 절대 보안 유지 목적으로 원격제어 앱 설치나 휴대전화 신규 개통을 요구하지 않는다"며 각별한 주의를 당부했다.

경찰청은 전화금융사기 예방을 위해 관련 홍보 영상을 제작해 경찰청 유튜브 채널에 게시했다. 자세한 내용은 경찰청 마약조직범죄수사과 피싱조사계(02-0150-2782)에서 확인할 수 있다.

김지원 기자 (jiwon@k-ansim.co.kr)

위 기사는 2024년 8월 22일 오전 8시 26분에 처음 발행되었으나, 이후 **실무 팀 번호에 오류가 있음이 확인되어** 같은 날 오후 1시 34분에 **수정**하였습니다.

▲ **(수정 전)** 경찰청 마약조직범죄수사과(02-0150-0141)

▲ **(수정 후)** 경찰청 마약조직범죄수사과 피싱조사계(02-0150-2782)

※ 대한민국 안심뉴스는 저널리즘의 신뢰를 높이기 위해 **'기사수정이력제'**를 시행, 기사가 수정된 이유와 과정을 투명하게 공개하고 있습니다.

〈그림 4-3〉 〈실험 1〉 '집단 3'에 대한 실험 자극물

대한민국
안심뉴스

기사 검색

전체 지역 정치 경제 사회 문화 IT·과학 국제 스포츠 연예 기타 사설·칼럼

우체국 집배원 사칭 전화금융사기 주의보

입력 2024년 8월 22일 오전 08:26 / 수정 2024년 8월 22일 오후 02:48

경찰청 국가수사본부는 우체국 집배원이나 택배기사 등을 사칭해 개인정보를 탈취하고 금전을 요구하는 전화금융사기 범죄가 발생하고 있다며 주의를 당부했다.

이들은 "○○카드가 신청됐다", "김치냉장고 주문을 확인해달라" 등의 말로 피해자에게 접근한다. 피해자가 속으면 카드사 고객센터나 금융감독원을 사칭해 원격제어 앱 설치를 유도하거나, 검찰청 직원을 사칭해 협박하며 돈을 요구하는 수법을 쓴다.

특히 최근에는 원격제어 앱을 악용해 피해자 휴대폰에 악성 앱을 설치하고, 범행 증거를 인멸하는 사례가 늘고 있다. 또, 새로운 휴대전화 개통을 요구해 피해자 감시와 범행 은폐에 활용하기도 한다.

이 같은 피해사례들은 안드로이드 운영체제 기반의 휴대전화에서 더 자주 발생하는 것으로 나타났다. **이정형의 연구**에 따르면, 원격제어 앱 접근을 막는 보안 소프트웨어를 설치하는 방식으로 이 같은 피해를 사전에 어느 정도 예방할 수 있다.

경찰은 "낯선 전화나 문자로 카드 신청, 상품 결제 등을 확인받으면 즉시 전화를 끊고 해당 기관 대표번호나 112에 신고해야 한다"고 강조했다. 또한, "수사기관은 절대 보안 유지 목적으로 원격제어 앱 설치나 휴대전화 신규 개통을 요구하지 않는다"며 각별한 주의를 당부했다.

경찰청은 전화금융사기 예방을 위해 관련 홍보 영상을 제작해 경찰청 유튜브 채널에 게시했다. 자세한 내용은 경찰청 마약조직범죄수사과 피싱조사계(02-0150-2782)에서 확인할 수 있다.

김지원 기자 (jiwon@k-ansim.co.kr)

위 기사는 2024년 8월 22일 오전 8시 26분에 처음 발행되었으나, 이후 **실무 팀 번호에 오류가 있음이 확인되어** 같은 날 오후 1시 34분에 **수정**하였습니다.

▲ **(수정 전)** 경찰청 마약조직범죄수사과(02-0150-0141)

▲ **(수정 후)** 경찰청 마약조직범죄수사과 피싱조사계(02-0150-2782)

이후 **관련 분야 학위 논문 내용을 추가로 취재하여** 같은 날 오후 2시 48분에 **수정**하였습니다.

▲ **(수정 전)** 없음

▲ **(수정 후)** 이 같은 피해사례들은 안드로이드 운영체제 기반의 휴대전화에서 더 자주 발생하는 것으로 나타났다. 이정형의 연구에 따르면, 원격제어 앱 접근을 막는 보안 소프트웨어를 설치하는 방식으로 이 같은 피해를 사전에 어느 정도 예방할 수 있다.

※ 대한민국 안심뉴스는 저널리즘의 신뢰를 높이기 위해 **'기사수정이력제'**를 시행, 기사가 수정된 이유와 과정을 투명하게 공개하고 있습니다.

〈그림 4-4〉 〈실험 1〉 '집단 4'에 대한 실험 자극물

대한민국 안심뉴스　　기사 검색

전체　지역　정치　경제　사회　문화　IT·과학　국제　스포츠　연예　기타　사설·칼럼

우체국 집배원 사칭 전화금융사기 주의보

입력 2024년 8월 22일 오전 08:26 / 수정 2024년 8월 22일 오후 02:48

경찰청 국가수사본부는 우체국 집배원이나 택배기사 등을 사칭해 개인정보를 탈취하고 금전을 요구하는 전화금융사기 범죄가 발생하고 있다며 주의를 당부했다.

이들은 "○○카드가 신청됐다", "김치냉장고 주문을 확인해달라" 등의 말로 피해자에게 접근한다. 피해자가 속으면 카드사 고객센터나 금융감독원을 사칭해 원격제어 앱 설치를 유도하거나, 검찰청 직원을 사칭해 협박하며 돈을 요구하는 수법을 쓴다.

특히 최근에는 원격제어 앱을 악용해 피해자 휴대폰에 악성 앱을 설치하고, 범행 증거를 인멸하는 사례가 늘고 있다. 또, 새로운 휴대전화 개통을 요구해 피해자 감시와 범행 은폐에 활용하기도 한다.

이 같은 피해사례들은 안드로이드 운영체제 기반의 휴대전화에서 더 자주 발생하는 것으로 나타났다. **이정형의 연구**에 따르면, 원격제어 앱 접근을 막는 보안 소프트웨어를 설치하는 방식으로 이 같은 피해를 사전에 어느 정도 예방할 수 있다.

경찰은 "낯선 전화나 문자로 카드 신청, 상품 결제 등을 확인받으면 즉시 전화를 끊고 해당 기관 대표번호나 112에 신고해야 한다"고 강조했다. 또한, "수사기관은 절대 보안 유지 목적으로 원격제어 앱 설치나 휴대전화 신규 개통을 요구하지 않는다"며 각별한 주의를 당부했다.

경찰청은 전화금융사기 예방을 위해 관련 홍보 영상을 제작해 경찰청 유튜브 채널에 게시했다. 자세한 내용은 경찰청 마약조직범죄수사과 피싱조사계(02-0150-2782)에서 확인할 수 있다.

김지원 기자 (jiwon@k-ansim.co.kr)

위 기사는 2024년 8월 22일 오전 8시 26분에 처음 발행되었으나, 이후 **실무 팀 번호에 오류가 있음이 확인되어** 같은 날 오후 1시 34분에 **수정**하였습니다.
▲ **(수정 전)** 경찰청 마약조직범죄수사과(02-0150-0141)
▲ **(수정 후)** 경찰청 마약조직범죄수사과 피싱조사계(02-0150-2782)

이후 **관련 분야 학위 논문 내용을 추가로 취재하여** 같은 날 오후 2시 48분에 **수정**하였습니다.
▲ **(수정 전)** 없음
▲ **(수정 후)** 이 같은 피해사례들은 안드로이드 운영체제 기반의 휴대전화에서 더 자주 발생하는 것으로 나타났다. 이정형의 연구에 따르면, 원격제어 앱 접근을 막는 보안 소프트웨어를 설치하는 방식으로 이 같은 피해를 사전에 어느 정도 예방할 수 있다.

※ 대한민국 안심뉴스는 저널리즘의 신뢰를 높이기 위해 **'기사수정이력제'**를 시행, 기사가 수정된 이유와 과정을 투명하게 공개하고 있습니다.

근거 및 출처 자료

- 이정형 (2019). <안드로이드 환경에서 보이스 피싱 악성앱의 속성과 가중치 기반 탐지 연구>. 서울대학교 컴퓨터공학 박사 학위 논문.

URL https://www.riss.kr/link?id=153655

5) 측정 문항

(1) 공변량

공변량으로 사용된 뉴스 이용량(전혀 소비하지 않음=1, 매우 자주 소비함=5)과 기성 언론 신뢰도(매우 신뢰한다=1, 매우 신뢰하지 않는다=5)는 각각 하나의 문항으로 리커트 5점 척도를 이용하여 측정하였다. 마지막 공변량인 뉴스 기사와의 관련성은 4개의 문항으로('잘 알고 있다', '깊게 관련돼 있다', '경험해 본 적이 있다', '관심이 많다') 구성되었으며 역시 리커트 5점 척도(전혀 그렇지 않음=1, 매우 그러함=5)를 사용하여 측정하였다. 이후 4개의 문항은 합산하여 사용하였으며, 설문 문항의 내적 일관성을 측정하는 값인 크론바흐 알파값[26]은 .736으로 수용 가능한 수준이었다.

(2) 기사 수정 이력제에 대한 태도: 부정 그리고 긍정

기사 수정 이력제에 대한 태도는 (a)긍정적 태도와 (b)부정적 태도로 구분되어 측정되었다. 긍정적 태도는 2개의 항목('유용하다', '중요하다')으로 구성되었고, 부정적 태도는 3개의 항목('심각하다', '복잡하다', '어렵다')으로 구성되었다. 각 변인은 리커트 5점 척도(전혀 그렇지 않다=1, 매우 그렇다=5)를 사용하여 측정하였으며, 구성된 항목들을 각각 합산하여 사용하였다. 긍정적 태도 변인의 크론바흐 알파값은 .753, 부정적 태도 변인의 크론바흐 알파값은 .853으로 나타났다.

(3) 기사 신뢰도

기사에 대한 신뢰도는 5개 항목 ('공정하다', '편향적이지 않다', '전체 맥락을

---

26) 계산공식은 $\alpha = (k/(k-1)) * (1 - (\Sigma \sigma_i^2/\sigma_t^2))$이다. 여기서 k는 문항의 수, $\Sigma \sigma_i^2$는 개별 문항들의 분산의 합, σ^2는 전체 검사 점수의 분산을 의미한다.

전달하고 있다', '정확하다', '신뢰할 만하다')으로 구성하고 리커트 5점 척도(매우 동의하지 않는다=1, 매우 동의한다=5)를 사용하여 측정하였다. 이후 5개 문항을 합산하여 사용하였으며, 크론바흐 알파값은 .884이었다.

(4) 기사의 부정적 평가

기사의 부정적 평가는 2개 항목 ('복잡하다', '어렵다')으로 구성하고 리커트 5점 척도 (매우 동의하지 않는다=1, 매우 동의한다=5)를 사용하여 측정하였다. 이후 2개 문항을 합산하여 사용하였으며, 크론바흐 알파값은 .906이었다.

(5) 뉴스 기사의 질적 평가

뉴스 기사의 질에 대한 평가는 '귀하가 읽은 뉴스 기사의 질에 대해 어떻게 평가하십니까?'라는 단일 질문을 통해 측정되었으며, 리커트 5점 척도(질이 매우 낮다=1, 질이 매우 높다=5)를 사용하였다.

(6) 기자 신뢰도

기사를 작성한 기자의 신뢰도는 5개 항목 ('능숙하다', '확실하다', '훈련이 잘되어 있다', '전문적이다', '능동적이다')으로 구성하고 리커트 5점 척도 (매우 동의하지 않는다=1, 매우 동의한다=5)를 사용하여 측정하였다. 이후 5개 문항을 합산하여 사용하였으며, 크론바흐 알파값은 .896이었다.

(7) 언론사 호감도

노출된 언론사에 대한 호감은 '귀하가 읽은 위의 기사를 보도한 〈대한민국 안심뉴스〉에 대한 귀하의 생각을 여쭙겠습니다. 해당 언론사에 얼마나 호감이 가시나요?'라는 단일 질문을 통해 측정되었으며, 리커트 5점 척도(전혀 호감이 가지 않는다=1, 호감이 매우 간다=5)를 사용하여 측정하였다.

(8) 언론사 재이용 의향

언론사 재이용 의향은 '귀하가 읽은 위의 기사를 보도한 〈대한민국 안심뉴스〉에 대한 귀하의 생각을 여쭙겠습니다. 해당 언론사가 발행하는 기사를 추가로 읽으실 의향이 있나요?'라는 단일 질문을 통해 측정되었으며, 리커트 5점 척도(읽을 의향이 전혀 없다=1, 읽을 의향이 매우 있다=5)를 사용하여 측정하였다.

(9) 뉴스 기사 추천 및 공유 의향

뉴스 기사 추천 및 공유 의향은 '귀하가 읽은 위의 기사를 주변 지인들에게 추천 또는 공유하실 의사가 있으실까요?'라는 단일 질문을 통해 측정되었으며, 리커트 5점 척도(추천/공유할 의향이 전혀 없다=1, 추천/공유할 의향이 매우 있다=5)를 사용하여 측정하였다.

6) 실험 1 분석 결과

본 연구의 분석에는 SPSS 27.0을 사용하였으며, 뉴스 이용량, 기존 언론 신뢰도, 그리고 가상 온라인 뉴스 기사 내용과의 관련성을 공변량으로 설정하여 통제한 후 기사 수정 이력제의 종류에 따른 효과를 분석하였다.

주요 분석에 앞서 정규성 검사를 실시하였으며 기술 통계 분석 결과, 주요 변인의 왜도는 −0.487에서 0.488, 첨도는 −1.363에서 1.164로 나타나 정규성 가정 충족 기준을 초과하지 않았다(Kline, 2005). 따라서 주요 변인은 정규분포를 따른다고 볼 수 있었다. 집단 간 동질성 확보를 위해 모든 실험 집단의 수를 동일하게 맞춰 집단 간 동질성을 확보하였다.

(1) 기사 수정 이력제에 대한 태도

기사 수정 이력제 평가를 위해, 기사 수정 내역이 포함되지 않은 통제집단(1)은 본 분석에서 제외하였으며, 최종적으로 기사 수정 내용만 제시된 기사에 노출된 집단(2), 기사 수정 및 추가 내용이 제시된 기사에 노출된 집단(3), 기사 수정 및 추가 내용과 출처가 모두 제시된 기사에 노출된 집단(4)을 비교 분석하였다.

먼저, 기사 수정 이력제에 대한 부정적 평가를 분석한 공분산분석(ANCOVA) 결과, 공변량 중에서는 기사 관련성 변인만이 유의한 영향을 미쳤으며($F(1, 234)=10.214$, $p<.01$), 기사 수정 이력제 자체의 주효과는 유의하지 않았다($F(3, 234)=.519$, $p=.596$). 이는 기사 수정 이력제에 대해 독자들이 부정적인 평가를 할 때 수정 이력의 유무보다 기사 자체의 관련성이 더 큰 영향을 미쳤음을 시사한다.

반면, 긍정적 평가에 대한 공분산분석 결과에서는 공변량인 뉴스 관련성($F(1, 234)=11.746$, $p<.001$)과 기사 수정 이력제의 주효과 모두 유의하게 나타났다($F(1, 234)=4.481$, $p<.05$). 주효과에 대한 집단 간 차이를 추가로 검증하기 위해 일원배치 분산분석(ANOVA)을 실시한 결과, 기사 수정 이력제의 효과가 유의미함을 확인하였다($F(2, 237)=5.329$, $p<.01$). 사후 검증 결과, 집단(4)의 평가($M=7.96$, $SD=1.32$)가 집단(2)의 평가($M=7.23$, $SD=1.46$)보다 더 긍정적으로 나타났다.

(2) 기사 신뢰도

공분산분석 결과에 따르면, 뉴스 관련성($F(1, 313)=17.325$, $p<.001$)과 기성 언론 신뢰도($F(1, 313)=6.955$, $p<.01$)가 실험 결과에 유의미한 영향을 미친 것으로 나타났다. 반면, 기사 수정 이력제의 주효과가 유의하지 않은 것으로 나타나($F(3, 313)=1.156$, $p=.327$), 기사 수정 이력제가 기사 신뢰도에 별다른 영향을 미치지 않았다는 점을 확인할 수 있었다.

(3) 기사의 부정적 평가

공분산분석 결과, 모든 공변량은 유의하지 않았으나 기사 수정 이력제의 주효과는 통계적으로 유의하였다($F(3, 313)=4.827$, $p<.01$). 주효과에 대한 집단 간 통계적 차이를 검증하기 위해 일원배치 분산분석을 실시한 결과, 기사 수정 이력제의 주효과가 다시 확인되었다($F(3, 316)=5.009$, $p<.01$). 이는 기사 수정 이력제가 기사에 대한 부정적 평가를 감소시키는 효과가 있다는 점을 의미한다.

사후검정 결과, 통제집단(1)(M=4.04, SD=1.53)과 기사 수정 및 추가 내용이 제시된 집단(3) 간에 (M=5.01, SD=1.75) 통계적으로 유의한 차이가 있었다. 또한, 통제집단(M=4.04, SD=1.53)과 기사 수정 및 추가 내용 그리고 출처가 제시된 집단(4) 간에도 (M=7.96, SD=1.32) 통계적으로 유의한 차이가 나타났다. 해석하자면 참가자들은 수정 내용만 포함된 기사에서는 크게 복잡함이나 어려움을 느끼지 않았으나 수정 내용 이상의 추가 정보나 출처가 포함되면 기사를 어렵고 복잡하게 평가하는 경향을 보였다

(4) 뉴스 기사의 질적 평가

공분산분석 결과, 공변량 중 뉴스 관련성($F(1, 313)=10.324$, $p<.01$)과 기성 언론 신뢰도가 유의하였으나($F(1, 313)=17.559$, $p<.001$) 기사 수정 이력제의 주효과는 유의하지 않았다($F(3, 313)=2.579$, $p=.054$). 이는 뉴스 관련성과 기성 언론 신뢰도가 뉴스 기사의 질적 평가에 중요한 변수로 작용했지만, 기사 수정 이력제는 뉴스 기사의 질적 평가에 영향을 주지 않았음을 의미한다. 다만, 기사 수정 이력제의 결과값($p=.054$)이 유의수준에 근접한 점을 고려했을 때 실제로 수정 이력제가 뉴스 기사의 질적 평가에 영향을 미칠 가능성을 완전히 배제할 수는 없다.

(5) 기자 신뢰도

공분산분석 결과, 공변량 중 뉴스 관련성(F(1, 313)=18.045, p<.001)과 기성 언론 신뢰도가 유의미한 영향을(F(1, 313)=20.231, p<.001)미쳤지만, 기사 수정 이력제의 주효과는 유의하지 않았다(F(3, 313)=1.360, p=.255). 이는 뉴스 관련성과 기성 언론 신뢰도가 기자 신뢰도에 영향을 미쳤지만, 기사 수정 이력제는 기자 신뢰도에 영향이 없었음을 의미한다.

(6) 언론사 호감도

공분산분석 결과, 공변량 중 뉴스 관련성(F(1, 313)=11.553, p<.001)과 기성 언론 신뢰도가 유의하였으나(F(1, 313)=6.432, p<.05), 기사 수정 이력제의 주효과가 유의하지 않았다(F(3, 313)=2.206, p=.087). 이는 뉴스 관련성과 기성 언론 신뢰도가 언론사 호감도에 영향을 미쳤지만, 기사 수정 이력제는 언론사 호감도에 영향이 없었음을 의미한다.

(7) 언론사 재이용 의향

공분산분석 결과, 모든 공변량이 유의미한 영향을 미쳤다(뉴스 이용량(F(1, 313)=5.884, p<.05; 기성 언론 신뢰도 (F(1, 313)=9.410, p<.001); 뉴스 관련성(F(1, 313)=8.776, p<.01). 또한 기사 수정 이력제의 주효과가 유의하게 나타났다 (F(3, 313)=2.812, p<.05). 그러나 주효과에 대한 집단 간 차이를 확인하기 위해 수행된 일원배치 분산분석에서는 기사 수정 이력제의 주효과는 유의하지 않았다(F(3, 316)=2.454, p=.063). 해석하자면 기사 수정 이력제가 언론사 재이용 의향에 영향을 미치는 경향이 있지만, 집단 간 차이를 고려할 때 그 효과가 통계적으로 유의미하지 않을 수 있음을 의미한다. 다시 말해 집단 내 차이가 상대적으로 커서 주효과의 통계적 유의성이 도출되지 않았을

가능성도 있는 것이다.

(8) 뉴스 기사 추천 및 공유 의향

공분산분석 결과, 공변량 중 뉴스 관련성($F(1, 313)=17.213$, $p<.001$)과 기성 언론 신뢰도가 유의하였으나($F(1, 313)=5.414$, $p<.05$) 기사 수정 이력제의 주효과는 유의하지 않았다($F(3, 313)=.340$, $p=.796$). 이는 뉴스 관련성과 기성 언론 신뢰도가 언론사 뉴스 추천 및 공유 의향에 영향을 미쳤으나, 기사 수정 이력제는 뉴스 기사 추천 및 공유 의향에 효과가 없었음을 시사한다.

(9) 공변량 편상관관계 분석

본 연구는 공변인(뉴스 이용량, 기성 언론 신뢰도, 뉴스 관련성)과 주요 종속 변인들 간의 관계를 구체적으로 탐색하기 위해 인구통계학적 변인(성별, 연령, 지역, 교육수준, 소득수준)과 실험 처치 그룹을 통제한 상태에서 편상관관계 분석을 실시하였다. 편상관관계(Partial Correlation)는 다른 변수들의 영향을 통제했을 때 두 변수 간의 순수한 상관관계를 의미한다. 단순 상관관계가 두 변수 간의 전체적 관련성을 보여준다면, 편상관관계는 다른 변수의 영향을 제거한 순수 관련성을 보여준다.

해석의 용이성을 높이기 위해, 기성 언론 신뢰도 점수가 높을수록 신뢰도가 높게 해석되도록 기성 언론 신뢰도를 역코딩하여 (매우 신뢰하지 않는다=1, 매우 신뢰한다=5) 분석에 활용하였다.

분석 결과, 뉴스 이용량은 기사 신뢰도 ($r=.141$, $p<.05$)와 언론사 재이용 의향($r=.192$, $p<.05$) 변인과 약한 정적 상관관계를 보였다. 뉴스 이용량이 많은 사람일수록 해당 기사에 대한 신뢰도와 해당 언론사의 기사를 다시 이용할 의향이 높음을 시사한다. 반면, 뉴스 이용량은 대부분의 종속 변인과 유의미한

관계를 보이지 않았다. 이는 뉴스 소비량 자체가 언론사나 뉴스에 대한 전반적인 평가보다는 특정 기사와의 신뢰 또는 이용 행동과 더 직접적으로 연관될 가능성을 보여준다. 따라서 뉴스 이용량과 관련된 독자 행동이나 평가를 심층적으로 이해하기 위해서는 보다 정교한 변수와 분석 방법을 포함한 추가 연구가 필요해 보인다.

기성 언론 신뢰도는 기사 신뢰도 (r=.186, p<.01), 기자 신뢰도 (r=.279, p<.001), 뉴스 기사의 질 (r=.223, p<.01), 언론사 호감도 (r=.163, p<.001), 언론사 재이용 의향 (r=.152, p<.01), 기사 추천 및 공유 의향 (r=.081, p<.001)과 약한 정적 상관관계를 보였다. 이는 기성 언론에 대한 신뢰도가 높을수록 독자들이 기사와 기자를 더 신뢰하며, 뉴스 기사의 질을 긍정적으로 평가하고, 언론사에 대해 더 호감과 재이용 그리고 기사 추천 및 공유 의향을 보이는 경향이 있음을 시사한다.

〈표 4-2〉 〈실험 1〉 공변량 편상관관계 분석 결과

	뉴스 이용량	기성 언론 신뢰도	뉴스 관련성
1. 뉴스 이용량	1.000	0.066	0.150*
2. 기성 언론 신뢰도	0.066	1.000	0.096
3. 뉴스 관련성	0.150*	0.096	1.000
4. 기사 수정 이력제 (긍정평가)	0.107	0.064	0.209**
5. 기사 수정 이력제 (부정평가)	0.012	0.092	0.191**
6. 기사 신뢰도	0.141*	0.186**	0.266***
7. 부정적 기사 평가	0.074	0.119	0.063
8. 뉴스 기사의 질	0.120	0.223**	0.204**
9. 기자 신뢰도	0.088	0.279***	0.239**
10. 언론사 호감도	0.126	0.163***	0.244***
11. 언론사 재이용 의향	0.192*	0.152**	0.174**
12. 언론사 뉴스 기사 추천/공유 의향	0.087	0.081***	0.296***

주. *처치 그룹, 성별, 연령, 지역, 교육수준, 소득수준이 통제되었고, 종속 변인들끼리의 상관관계 분석 결과는 표에서 제외하였다. ***p<.001, ** p<.01, * p<.05*

반면, 기성 언론 신뢰도가 기사 수정 이력제(긍정적, 부정적 평가)와 부정적 기사 평가와 유의미한 관계를 보이지 않았다는 점은 수정 이력제와 부정적 기사 평가가 기성 언론 신뢰도와는 독립적인 평가 요인임을 시사한다. 결론적으로 기성 언론 신뢰도가 뉴스 소비에서 전반적인 신뢰와 태도 형성에 중요한 역할을 하지만 세부적이고 특정한 평가 항목에서는 제한적인 영향을 미칠 가능성을 보여준다.

뉴스 관련성은 기사 신뢰도($r=.266$, $p<.001$), 기자 신뢰도($r=.239$, $p<.001$), 뉴스 기사의 질($r=.204$, $p<.01$), 언론사 호감도($r=.244$, $p<.001$), 언론사 재이용 의향($r=.174$, $p<.01$), 추천 및 공유 의향($r=.296$, $p<.001$)과도 모두 약한 정적 상관관계를 보였다. 이는 뉴스와의 관련성이 높은 독자가 기사와 기자를 더 신뢰하고, 뉴스 기사의 질을 긍정적으로 평가하며, 언론사에 대한 호감도와 재이용 의향 그리고 추천 및 공유 의향이 증가하는 경향이 있음을 시사한다.

반면, 뉴스 관련성과 유의미한 관계를 보이지 않은 변인은 부정적 기사 평가뿐이었다. 이는 독자가 기사와의 관련성과는 별개로 기사 내용의 문제점을 독립적으로 인식하고 평가할 수 있음을 시사한다. 또한, 뉴스 관련성은 기사에 대한 신뢰나 긍정적 평가에는 영향을 미치지만, 부정적 평가는 기사 내용의 품질, 객관성 등 관련성 외의 다른 요인들에 의해 더 크게 좌우될 가능성이 있음을 보여준다.

모순되게도 뉴스 관련성은 기사 수정 이력제에 대한 긍정적 평가와 약한 정적 상관관계($r=.209$, $p<.01$)를 보였으며, 동시에 기사 수정 이력제를 부정적으로 평가하는 변인과도 약한 정적 상관관계($r=.191$, $p<.01$)를 보였다. 뉴스 관련성이 높을수록 독자는 기사 수정 이력제에 대해 투명성 강화의 유용성과

필요성을 긍정적으로 평가하면서도, 동시에 그 과정이 복잡하거나 어렵다고 느낄 가능성도 높을 수 있음을 보여준다. 이는 뉴스가 개인적으로 중요할수록 기사 수정 이력제가 제공하는 정보에 더 주목하지만 그 정보의 이해나 활용 과정에서 복잡성과 난이도를 경험할 수 있음을 시사한다.

3. 투명성 효과 실험 2

본 연구의 두 번째 실험에서는 언론 신뢰도 향상을 위해 언론사들이 시도하고 있는 〈기사 수정/삭제 내역 공개제〉의 일환으로 지난 한 달간의 수정 및 삭제된 기사들의 목록과 사유를 제공하는 활동의 효과를 알아보고자 온라인 설문실험을 실시하였다. 구체적으로 〈기사 수정/삭제 내역 공개제〉에 대한 독자들의 태도, 기사와 기자에 대한 신뢰도, 언론사에 대한 호감도와 재이용 의향 등을 조사함으로써 〈기사 수정/삭제 내역 공개제〉가 독자들에게 미치는 영향을 파악하고자 하였다.

1) 사전조사

본 연구의 실험 처치물이 조작한 변인들을 잘 반영하고 있는지 확인하기 위해, 2024년 8월 사전조사를 진행했다. 자료 수집을 위해 전문 리서치회사인 ㈜마크로밀엠브레인에 의뢰해 만 19세 이상의 뉴스를 이용하는 성인을 대상으로 전국 규모의 온라인 설문실험조사를 진행했다. 해당 조사회사가 확보하고 있는 온라인 패널을 대상으로 이메일을 보내 참가자를 모집했고, 응답자들은 각자의 이메일을 통해 전달받은 온라인 링크로 접속해 설문지에 답하는 방식으로 실험에 참여했다. 설문실험조사를 종료한 뒤에 실험 처치물의 적합성과 측정 문항에 대한 의견을 수렴하였다. 사전조사 결과, 각 집단에 속한 70%이상의 참가자들이 연구들이 의도한 대로 처치물을 제대로 인식하였다. 사전조사를 진행하는 과정에서 응답자들이 조금 더 쉽게 투명성 장치들을 인지할 수 있도록 해야 한다는 의견이 나왔고 해당 내용을 반영해서 실험 처치물과 문항을 일부 수정한 뒤 본 조사를 시행하였다.

2) 실험 참여자

자료 수집을 위해 전문 리서치회사인 ㈜마크로밀엠브레인에 의뢰해 만 19세 이상의 뉴스를 이용하는 성인을 대상으로 전국 규모의 온라인 설문실험조사를 진행했다.

〈표 4-3〉 〈실험 2〉 참여자의 인구사회학적 특성

구분		사례 수(명)	비율(%)
성별	남성	120	50
	여성	120	50
연령	만 19세 이상 ~ 만 29세 미만	60	25
	만 30세 이상 ~ 만 39세 미만	60	25
	만 40세 이상 ~ 만 49세 미만	60	25
	만 50세 이상	60	25
거주지역	서울	76	31.7
	인천·경기	81	33.8
	경상권	31	12.9
	전라권	16	6.7
	세종·충청권	27	11.3
	강원·제주	9	3.8
교육수준	고등학교 이하	29	12.1
	대학 졸업	185	77.1
	대학원 졸업	26	10.8
월평균 가구소득	200만원 이하	18	7.5
	201만원 이상 ~ 300만원	39	16.3
	301만원 이상 ~ 400만원	34	14.2
	401만원 이상 ~ 500만원	31	12.9

구분		사례 수(명)	비율(%)
	501만원 이상 ~ 600만원	27	11.3
	601만원 이상 ~ 700만원	26	10.8
	701만원 이상 ~ 800만원	21	8.8
	801만원 이상 ~ 900만원	12	5.0
	901만원 이상 ~ 1000만원	15	6.3
	1000만원 초과	17	7.1
뉴스 소비량	조금 소비함	24	10
	보통	83	34.6
	자주 소비함	75	31.3
	매우 자주 소비함	58	24.2
기성 언론 신뢰도	매우 신뢰한다	1	0.4
	신뢰하는 편이다	74	30.8
	신뢰도 불신도 않는다	106	44.2
	신뢰하지 않는 편이다	50	20.8
	매우 신뢰하지 않는다	9	3.8

해당 조사회사가 확보하고 있는 온라인 패널을 대상으로 이메일을 보내 참가자를 모집했고, 응답자들은 각자의 이메일을 통해 전달받은 온라인 링크로 접속해 설문지에 답하는 방식으로 실험에 참여했다. 설문실험 조사는 2024년 9월 3일부터 9월 6일까지 4일간 진행했다.

설문 시작 단계에서 뉴스를 전혀 이용하지 않는다고 답한 응답자들을 설문 대상에서 제외하고 성별과 연령 기준으로 동일하게 할당 표집하여 총 3개 집단에 무작위로 배치하였다.

〈실험 2〉에서도 기사 내용과 투명성 실험 처지를 정확히 인지했는지를 확인하기 위해 두 가지 조작점검 문항을 사용하였고, 이 질문에 정확하게 응답한 응답자의 데이터만 최종 표본 분석에 포함하였다. 최종적으로 각 3개의 집단에 80명씩, 총 240명이 표본에 선정되어 본 연구의 주요 분석에 사용되었고, 표본들의 인구통계학적 특성은 〈표 4-3〉과 같다.

3) 실험 자극

〈실험 2〉에서는 언론 신뢰도 향상을 위해 언론사들이 시도하고 있는 〈기사 수정/삭제 내역 공개제〉의 효과를 집중적으로 분석하였다. 기존 언론사의 신뢰도와 인지도의 영향을 배제하기 위해, 가상의 인터넷 언론사가 작성한 온라인 기사를 자극물로 활용하였다. 통제집단(1)의 참여자들에게는 지난 한 달간 수정 및 삭제된 기사의 건수만을 제공하는 〈그림 4-5〉와 같은 텍스트 형태의 자극물을, 집단(2)의 참여자들에게는 〈그림 4-6〉과 같이 기사와 함께 한 달간의 수정/삭제 내역 목록을 제공하였다. 마지막으로 집단(3)의 참여자들에게는 〈그림 4-7〉과 같이 수정/삭제 내역 목록과 더불어 수정 및 삭제 사유가 포함된 기사를 자극물로 제공하였다.

〈그림 4-5〉 〈실험 2〉 '집단 1"에 대한 실험 자극물

대한민국 안심뉴스

기사 검색

전체 지역 정치 경제 사회 문화 IT·과학 국제 스포츠 연예 기타 사설·칼럼

'대한민국 안심뉴스' 기사 수정/삭제 내역(8월)

입력 2024년 9월 1일 오전 09:00

'대한민국 안심뉴스'는 독자에게 투명한 보도 및 책임 있는 설명을 통해 저널리즘 신뢰를 회복하고자 노력하고 있습니다. 이에 따라, 매월 '대한민국 안심뉴스'가 기사를 발행한 이후 수정 또는 삭제한 내역을 공개하고 있습니다. 2024년 8월 '대한민국 안심뉴스'는 기사 발행 이후 **4건을 수정**했고, **1건은 삭제**한 바 있습니다.

〈그림 4-6〉 〈실험 2〉 '집단 2'에 대한 실험 자극물

대한민국 안심뉴스

기사 검색

전체 지역 정치 경제 사회 문화 IT·과학 국제 스포츠 연예 기타 사설·칼럼

'대한민국 안심뉴스' 기사 수정/삭제 내역(8월)

입력 2024년 9월 1일 오전 09:00

'대한민국 안심뉴스'는 독자에게 투명한 보도 및 책임 있는 설명을 통해 저널리즘 신뢰를 회복하고자 노력하고 있습니다. 이에 따라, 매월 '대한민국 안심뉴스'가 기사를 발행한 이후 수정 또는 삭제한 목록을 공개하고 있습니다. 2024년 8월 '대한민국 안심뉴스'는 기사 발행 이후 **4건을 수정**했고, **1건은 삭제**한 바 있습니다. 아래는 그 목록입니다.

▲ **2024년 8월** '대한민국 안심뉴스' 기사 수정 및 삭제 목록

작성일	기사 제목	변경일	변경 내역
8. 22.	우체국 집배원 사칭 전화금융사기 주의보	8. 24.	수정
8. 21.	뮤지컬 프린지 페스티벌 장마로 1주일 연기	8. 22.	수정
8. 14.	전세 관련 법안 도입 1년... 그 성과는?	8. 14.	수정
8. 12.	굴지의 상장사 A, 연예기획사 B 인수설	8. 20.	삭제
8. 3.	中위안화 해외사용 급증... 엔화·파운드 제칠 듯	8. 8.	수정

〈그림 4-7〉 〈실험 2〉 '집단 3'에 대한 실험 자극물

대한민국
안심뉴스

기사 검색

전체 지역 정치 경제 사회 문화 IT·과학 국제 스포츠 연예 기타 사설·칼럼

'대한민국 안심뉴스' 기사 수정/삭제 내역(8월)

입력 2024년 9월 1일 오전 09:00

'대한민국 안심뉴스'는 독자에게 투명한 보도 및 책임 있는 설명을 통해 저널리즘 신뢰를 회복하고자 노력하고 있습니다. 이에 따라, 매월 '대한민국 안심뉴스'가 기사를 발행한 이후 수정 또는 삭제한 목록을 공개하고 있습니다. 2024년 8월 '대한민국 안심뉴스'는 기사 발행 이후 사실 관계 오류, 오기 수정 등을 위해 **4건을 수정**했고, 언론중재위원회 결정에 따라 **1건은 삭제**한 바 있습니다. 아래는 그 목록입니다.

▲ 2024년 8월 '대한민국 안심뉴스' 기사 수정 및 삭제 목록

작성일	기사 제목	변경일	변경 사유
8. 22.	우체국 집배원 사칭 전화금융사기 주의보	8. 24.	단순 오기에 따른 수정
8. 21.	뮤지컬 프린지 페스티벌 장마로 1주일 연기	8. 22.	일정 변경에 따른 수정
8. 14.	전세 관련 법안 도입 1년... 그 성과는?	8. 14.	사실 관계 오류 수정
8. 12.	굴지의 상장사 A, 연예기획사 B 인수설	8. 20.	언중위 결정에 따른 삭제
8. [illegible]	위안화 해외사용 급증... 엔화·파운드 제칠 듯	8. 8.	번역 오류에 따른 수정

4) 실험 절차

실험 참여자들은 각 집단에 무작위로 배치된 후 먼저 자신의 뉴스 콘텐츠 이용 행태와 기성 언론에 대한 신뢰도를 측정하는 질문에 응답하였다. 이후, 가상의 뉴스 기사인 자극물에 노출된 뒤 〈기사 수정/삭제 내역 공개제〉에 대한 태도를 측정하는 문항에 응답하였다. 다음으로 기사 신뢰도 및 평가, 기사를 작성한 기자에 대한 평가, 언론사 평가, 언론사 재이용 의향, 뉴스 기사 추천 및 공유 의향에 관한 질문에도 차례대로 응답하였다. 마지막으로 정치 성향과

인구통계학적 정보에 응답한 뒤 설문실험조사를 마무리하였다. 조사 종료 후에는 실험 자극물이 연구 목적을 위해 가상으로 제작되었음을 설명하는 디브리핑(debriefing)이 실시되었다.

5) 측정 문항

〈실험 1〉과 동일한 공변량인 뉴스 이용량(전혀 소비하지 않음=1, 매우 자주 소비함=5)과 기성 언론 신뢰도(매우 신뢰한다=1, 매우 신뢰하지 않는다=5)를 포함하여 분석을 진행하였다. 단, 해당 실험에서 사용된 기사는 특정 사건이나 사고에 관한 내용이 아니었기 때문에 기사 내용과의 개인적 관련성에 대해서는 별도로 묻지 않았다.

종속 변수는 〈실험 1〉에서 사용된 종속 변인의 측정 문항과 동일한 항목을 활용하여 분석하였다: (1) 기사 신뢰도('공정하다', '편향적이지 않다', '전체 맥락을 전달하고 있다', '정확하다', '신뢰할 만하다': 매우 동의하지 않는다=1, 매우 동의한다=5)(α =.84), (2) 부정적 기사 평가(('복잡하다', '어렵다': 매우 동의하지 않는다=1, 매우 동의한다=5)(α =.91), (3) 뉴스 기사의 질적 평가(질이 매우 낮다=1, 질이 매우 높다=5), (4) 기자 신뢰도('능숙하다', '확실하다', '훈련이 잘되어 있다', '전문적이다', '능동적이다': 매우 동의하지 않는다=1, 매우 동의한다=5)(α =.90), (5) 언론사 호감도(전혀 호감이 가지 않는다=1, 호감이 매우 간다=5)(전혀 호감이 가지 않는다=1, 호감이 매우 간다=5), (6) 언론사 재이용 의향(읽을 의향이 전혀 없다=1, 읽을 의향이 매우 있다=5), (7) 뉴스 기사 추천 및 공유 의향(추천/공유할 의향이 전혀 없다=1, 추천/공유할 의향이 매우 있다=5)이 분석에 사용되었다.

기사 수정/삭제 내역 공개제에 대한 태도는 (a)긍정적 태도와 (b)부정적 태도로 구분되어 측정되었다. 긍정적 태도는 3개의 항목('유용하다', '중요하다', '필요하다')으로 구성되었고, 부정적 태도는 2개의 항목('심각하다', '복잡하다', '어렵다')으로 구성되었다. 각 변인은 리커트 5점 척도(전혀 그렇지 않다=1, 매우 그렇다=5)를 사용하여 측정하였으며, 구성된 항목들을 각각 합산하여 사용하였다. 설문 문항의 내적 일관성을 측정하는 값인 크론바흐 알파값은 긍정적 태도 변인의 경우 .790, 부정적 태도 변인의 크론바흐 알파값은 .619으로 나타났다.

6) 실험 2 분석 결과

본 연구의 분석에는 SPSS 27.0을 사용하였으며, 뉴스 이용량, 기존 언론 신뢰도를 공변량으로 설정하여 통제한 후 기사 수정/삭제 내역 공개제의 종류에 따른 효과를 분석하였다.

주요 분석에 앞서 정규성 검사를 실시하였으며 기술 통계 분석 결과, 주요 변인의 왜도는 −0.558에서 0.420, 첨도는 −1.506에서 0.511로, 왜도와 첨도가 정규성 가정 충족 기준을 초과하지 않았다(Kline, 2005). 따라서 주요 변인은 정규분포를 따른다고 볼 수 있었다. 집단 간 동질성 확보를 위해 모든 실험 집단의 수를 동일하게 맞춰 집단 간 동질성을 확보하였다.

(1) 기사 수정/삭제 내역 공개제에 대한 태도

기사 수정/삭제 내역 공개제의 부정적 평가를 알아보는 공분산분석(ANCOVA) 결과, 모든 공변량이 유의하지 않았고, 기사 수정/삭제 내역 공개제의 주효과 역시 유의하지 않았다($F(2, 235)=.282$, $p=.755$). 이는 분석에 포함된 공변량과 기사 수정/삭제 내역 공개제의 존재 자체가 독자들에게 부정적인 인식을 유발하거나 부정적 평가의 요인이 되지 않았다는 점을 의미한다.

반면, 기사 수정/삭제 내역 공개제에 대한 긍정적 평가를 분석한 공분산분석 결과에서는 공변량인 기성 언론 신뢰도가 유의한 영향을 미쳤으며($F(1, 235)=6.559$, $p<.05$), 기사 수정/삭제 내역 공개제의 주효과도 유의한 것으로 나타났다($F(2, 235)=5.039$, $p<.01$). 주효과에 대한 집단 간 통계적 차이를 검증하기 위해 일원배치 분산분석(ANOVA)을 실시한 결과, 기사 수정/삭제 내역 공개제의 주효과가 유의미함을 다시 한번 확인하였다($F(2, 237)=4.323$, $p<.05$).

통계적으로 유의한 차이는 기사 수정/삭제 목록만 제시된 집단(3)($M=7.96$, $SD=1.32$)과 기사 수정/삭제 목록과 사유가 함께 제시된 집단(2)($M=7.23$, $SD=1.46$) 사이에서 나타났다. 이는 집단(3)에 노출된 참여자들이 집단(2)에 비해 기사 수정/삭제 내역 공개제에 대해 더 긍정적인 태도를 가졌음을 의미한다. 따라서 언론사가 기사 수정/삭제 내역 공개제를 정착시키기 위해서는 단순히 수정/삭제 내역 건수만을 제공하는 것에 그치지 않고 수정 및 삭제 사유를 포함한 상세한 설명을 제공할 필요가 있음을 시사한다.

(2) 기사 신뢰도

공분산분석 결과, 뉴스 이용량($F(1, 235)=8.268$, $p<.01$)과 기성 언론 신뢰도가 유의미한 영향을 미쳤으며($F(1, 235)=9.336$, $p<.01$), 기사 수정/삭제 내역 공개제의 주효과 또한 유의한 것으로 나타났다($F(1, 235)=7.790$, $p<.001$).

주효과에 대한 집단 간 차이를 확인하기 위해 일원배치 분산분석을 실시한 결과, 기사 수정/삭제 내역 공개제의 주효과가 유의미하게 나타났다($F(2, 237)=6.478$, $p<.01$). 평균 비교 결과, 기사 수정/삭제 내역 건수를 텍스트로 제시한 통제집단(1)($M=15.81$, $SD=3.11$)과 기사 수정/삭제 목록이 함께 제시

된 집단(2)(M=5.77, SD=3.08)는 모두 기사 수정/삭제 내역과 사유가 함께 제시된 집단(3)(M=17.31, SD=3.05)보다 통계적으로 유의미하게 낮았다. 반면, 집단(1)과 집단(2) 간에는 유의미한 차이가 보이지 않았다. 이는 단순히 수정/삭제 내역만을 제공했을 때는 기사 신뢰도에 유의미한 긍정적 영향을 주지 못한 것으로 보이며 기사 신뢰도를 높이기 위해서는 수정 및 삭제 사유를 포함한 상세한 설명을 추가하는 것이 효과적임을 시사한다.

(3) 부정적 기사 평가

공분산분석 결과, 그 어떤 공변량이나 기사 수정/삭제 내역 공개제의 주효과가 부정적 기사 평가에 유의하지 않은 것으로 나타났다(F(1, 235)=1.582, p=.208). 뉴스 이용량 등 공변량과 기사 수정/삭제 내역 공개제 모두 독자들의 부정적 평가를 증가시키거나 감소시키는 데에는 영향을 주지 않았다는 의미로 해석된다.

(4) 뉴스 기사의 질적 평가

공분산분석 결과, 뉴스 이용량이 (F(1, 235)=6.672, p<.05)로 유의미한 영향을 미쳤고, 기성 언론 신뢰도도 (F(1, 235)=12.739, p<.001)로 유의한 결과를 보였다. 또한, 기사 수정/삭제 내역 공개제의 주효과 역시 통계적으로 유의하였다(F(2, 235)=8.748, p<.001).

주효과에 대한 집단 간 통계적 차이를 검증하기 위해 일원배치 분산분석을 실시한 결과, 기사 수정/삭제 내역 공개제의 주효과가 유의미함을 재확인하였다(F(2, 237)=8.442, p<.001). 통제집단(1), 집단(2), 집단(3) 사이에서 통계적으로 유의미한 차이가 나타났는데, 구체적으로 수정/삭제 내역 건수만을 텍스트로 제시한 통제집단(1)의 평균값(M=2.76, SD=.85)이 기사 수정/삭제

목록이 함께 제시된 집단(2)의 평균값(M=3.1, SD=.74)보다 낮았다. 또한 통제집단(1)의 평균값(M=2.76, SD=.85)은 기사 수정/삭제 내역과 사유가 함께 제시된 집단(3)의 평균값(M=3.23, SD=.66)보다도 통계적으로 유의미하게 낮았다. 반면, 집단(2)와 집단(3)간에는 통계적으로 유의미한 차이가 없었다. 즉, 기사 수정/삭제 내역의 목록만 제공되거나 목록과 함께 사유가 포함된 경우에는 수정/삭제 건수만 제공되는 기사보다 더 높은 질로 평가됨을 시사한다. 반면, 수정/삭제 사유의 추가 제공 여부는 뉴스의 질적 평가에 있어 차이를 만들지 않는 것으로 생각할 수 있다.

(5) 기자 신뢰도

공분산분석 결과, 기성 언론 신뢰도 공변량이 유의한 영향을 미쳤고($F(1, 235)=6.754$, $p<.05$) 기사 수정/삭제 내역 공개제의 주효과 역시 유의하였다($F(2,235)=8.007$, $p<.001$).

주효과에 대한 집단 간 통계적 차이를 검증하기 위해 일원배치 분산분석을 실시한 결과, 기사 수정/삭제 내역 공개제의 주효과가 유의미함을 재확인하였다($F(2, 237)=7.812$, $p<.001$). 평균 비교 결과, 통제집단(1)과 집단(2), 또는 집단(2)와 집단(3)사이에는 통계적으로 유의미한 차이가 나타나지 않았다.

반면, 기사 수정/삭제 내역 공개 건수만 제시한 통제집단(1)의 평균값(M=13.96, SD=4.25)과 기사 수정/삭제 목록 및 사유가 함께 제시된 집단(3)의 평균값(M=16.26, SD=3.79) 간에는 통계적으로 유의한 차이가 있었다. 수정/삭제 건수만 제공된 통제집단에 비해 수정/삭제 내역과 사유가 함께 제공되었을 때 기자에 대한 신뢰도가 증가하는 경향을 보였으며 기자 신뢰도를 높이기 위해 수정/삭제 사유를 포함한 상세한 설명을 제공하는 것이 효과적일 수 있음을 시사한다.

(6) 언론사 호감도

공분산분석 결과, 기성 언론 신뢰도는 언론사 호감도에 유의한 영향을 미쳤으나(F(1, 235)=13.962, p<.001), 기사 수정/삭제 내역 공개제의 주효과는 유의하지 않았다(F(2,235)=4.51, p=.087). 언론사 호감도에 있어 기성 언론 신뢰도의 영향이 작용하지만, 기사 수정/삭제 내역 공개제 자체는 언론사에 대한 호감도에 유의미한 영향을 미치지 않았음을 의미한다.

(7) 언론사 재이용 의향

공분산분석 결과, 공변량인 뉴스 이용량 (F(1, 235)=4.362, p<.015)과 기성 언론 신뢰도가 모두 유의하였으나(F(1, 235)=13.853, p<.001), 기사 수정/삭제 내역 공개제의 주효과는 유의하지 않았다(F(1,235)=2.988, p=0.52). 즉, 뉴스 이용량과 기성 언론 신뢰도는 언론사 재이용 의향에 영향을 미치지만, 기사 수정/삭제 내역 공개제 자체는 유의미한 효과를 주지 않았음을 시사한다. 다만 주효과의 결과값이 유의수준에 매우 근접한 점을 고려했을 때, 기사 수정/삭제 내역 공개제가 실제로 영향을 미칠 가능성을 완전히 배제할 수는 없어 보인다.

(8) 뉴스 기사 추천 및 공유 의향

공분산분석 결과, 기성 언론 신뢰도는 유의하였고(F(1, 235)=12.110, p<.001), 기사 수정/삭제 내역 공개제의 주효과는 유의하지 않았다 (F(1,235)=2.579, p=.078). 즉, 기성 언론 신뢰도는 언론사 뉴스 추천 및 공유 의향에 영향을 미치지만, 기사 수정/삭제 내역 공개제 자체는 영향이 없었음을 시사한다.

(9) 공변량 편상관관계 분석

본 연구는 공변인(뉴스 이용량, 기성 언론 신뢰도)과 주요 종속 변인들 간의 관계를 보다 구체적으로 탐색하기 위해 인구통계학적 변인(성별, 연령, 지역, 교육수준, 소득수준)과 실험 처치 집단을 통제한 상태에서 편상관관계 분석을 실시하였다. 해석의 용이성을 높이기 위해 기성 언론 신뢰도 점수가 높을수록 신뢰도가 높게 해석되도록 기성 언론 신뢰도를 역코딩하여 (매우 신뢰하지 않는다=1, 매우 신뢰한다=5) 분석에 활용하였다.

〈표 4-4〉와 같이 편상관관계 분석 결과, 뉴스 이용량은 기사 신뢰도($r=.224$, $p<.001$), 뉴스 기사의 질($r=.215$, $p<.001$), 기자 신뢰도($r=.152$, $p<.05$), 언론사 호감도($r=.130$, $p<.05$), 언론사 재이용 의향 ($r=.171$, $p<.01$)과 약한 정적 상관관계를 보였다. 이는 뉴스 이용량이 많은 사람일수록 해당 기사 신뢰도가 높고, 기자와 뉴스 기사의 질을 높이 평가했으며, 언론사에 대한 호감도가 높고, 나아가 해당 언론사의 기사를 이후에도 읽을 의향이 높음을 의미한다. 이러한 결과는 뉴스 이용량이 언론사에 대한 장기적인 신뢰와 긍정적인 인식을 형성하는 요인으로 작용할 수 있음을 시사한다. 그 외의 종속 변인들과는 유의미한 관계를 보이지 않았다.

〈표 4-4〉 〈실험 2〉 편상관관계 분석 결과

	뉴스 이용량	기성 언론 신뢰도
1. 뉴스 이용량	1.000	0.160*
2. 기성 언론 신뢰도	0.160*	1.000
3. 기사 수정 이력제 (긍정평가)	0.108	0.162*
4. 기사 수정 이력제 (부정평가)	-0.105	0.006
5. 기사 신뢰도	0.224***	0.202**
6. 부정적 기사 평가	-0.020	0.089
7. 뉴스 기사의 질	0.215***	0.255***
8. 기자 신뢰도	0.152*	0.192**
9. 언론사 호감도	0.130*	0.245***
10. 언론사 재이용 의향	0.171**	0.251***
11. 뉴스 기사 추천/공유 의향	0.084	0.232***

주. *처치 그룹, 성별, 연령, 지역, 교육수준, 소득수준이 통제되었고, 종속 변인들끼리의 상관관계 분석 결과는 표에서 제외하였다. ***p<.001, ** p<.01, * p<.05*

기성 언론 신뢰도는 기사 수정/삭제 내역 공개제를 긍정적으로 평가하는 변인과 약한 정적 상관관계($r=.162$, $p<.001$)를 보였으며, 기사 신뢰도($r=.202$, $p<.01$), 뉴스 기사의 질($r=.255$, $p<.001$), 기자 신뢰도($r=.192$, $p<.01$), 언론사 호감도($r=.245$, $p<.001$), 언론사 재이용 의향($r=.251$, $p<.001$), 그리고 뉴스 기사 추천 및 공유 의향($r=.232$, $p<.001$)과도 유의미한 정적 상관관계를 나타냈다. 반면, 기사 수정/삭제 내역 공개제에 대한 부정적 평가와 부정적 기사 평가와는 유의미한 상관관계가 나타나지 않았다.

이러한 결과는 기성 언론에 대한 신뢰도가 높을수록 기사 수정/삭제 내역 공개제에 대해 긍정적으로 평가하고 기사 및 기자의 신뢰도, 뉴스 기사의 질적 평가, 언론사 호감도와 재이용 의향, 뉴스 추천 및 공유 의향까지 긍정적으로 인식하게 됨을 시사한다. 나아가 부정적 평가와는 유의미한 관계를 나타내지 않았다는 점은 기성 언론 신뢰도가 부정적 요소로 인식되는 부분에 대해서는 큰 영향을 미치지 않음을 의미한다. 종합적으로 기성 언론에 대한 신뢰가 높은 독자일수록 투명성 강화를 위한 기사 수정/삭제 내역 공개제를 긍정적으로 받아들이고 언론사와 관련된 다양한 요소들에 대해 신뢰와 호감을 보이는 경향이 있음을 시사한다.

4. 투명성 효과 실험 3

본 연구의 마지막 실험에서는 투명성 향상을 위한 장치인 〈데스크 실명제〉와 〈기사 오류/문제 신고하기〉 장치의 효과를 검증하기 위해 온라인 설문실험을 진행하였다. 〈실험 3〉에서도 〈실험 1〉에서 사용했던 같은 가상의 온라인 뉴스 기사를 사용하였으며, 기사 하단에 기자와 데스크의 실명을 내건 활동이나 독자들이 참여할 수 있도록 기사 오류/문제 신고하기 버튼을 제시하였다. 구체적으로 투명성 장치에 대한 독자들의 태도, 기사와 기자에 대한 신뢰도, 언론사에 대한 호감도, 재이용 의향 등을 조사하여 투명성 장치가 독자들에게 미치는 영향을 파악하고자 하였다.

1) 사전조사

본 연구의 실험 처치물이 조작한 변인들을 잘 반영하고 있는지 확인하기 위해, 2024년 8월 사전조사를 진행했다. 자료 수집을 위해 전문 리서치회사인 ㈜마크로밀엠브레인에 의뢰해 만 19세 이상의 뉴스를 이용하는 성인을 대상으로 전국 규모의 온라인 설문실험조사를 진행했다. 해당 조사회사가 확보하고 있는 온라인 패널을 대상으로 이메일을 보내 참가자를 모집했고, 응답자들은 각자의 이메일을 통해 전달받은 온라인 링크로 접속해 설문지에 답하는 방식으로 실험에 참여했다. 설문실험조사를 종료한 뒤에 실험 처치물의 적합성과 측정 문항에 대한 의견을 수렴하였다. 사전조사 결과, 각 집단에 속한 70%이상의 참가자들이 연구들이 의도한 대로 처치물을 제대로 인식하였다. 사전조사를 진행하는 과정에서 응답자들이 조금 더 쉽게 투명성 장치들을 인지할 수 있도록 해야 한다는 의견이 나왔고 해당 내용을 반영해서 실험 처치물과 문항을 일부 수정한 뒤 본 조사를 실시하였다.

2) 실험 참여자

자료 수집을 위해 전문 리서치회사인 ㈜마크로밀엠브레인에 의뢰해 만 19세 이상의 뉴스를 이용하는 성인을 대상으로 전국 규모의 온라인 설문실험조사를 진행했다. 해당 조사회사가 확보하고 있는 온라인 패널을 대상으로 이메일을 보내 참가자를 모집했고, 응답자들은 각자의 이메일을 통해 전달받은 온라인 링크로 접속해 설문지에 답하는 방식으로 실험에 참여했다. 설문실험 조사는 2024년 9월 3일부터 9월 6일까지 4일 간 진행했다. 설문 시작 단계에서 뉴스를 전혀 이용하지 않는다고 답한 응답자들을 설문 대상에서 제외하고 성별과 연령 기준으로 동일하게 할당 표집하여 총 3개 집단에 무작위로 배치하였다.

〈실험 3〉에서도 기사 내용과 투명성 실험 처지를 정확히 인지했는지를 확인하기 위해 두 가지 조작점검 문항을 사용하였고, 이 질문에 정확하게 응답한 응답자의 데이터만 최종 표본 분석에 포함하였다. 최종적으로 각 3개의 집단에 80명씩, 총 240명이 표본에 선정되어 본 연구의 주요 분석에 사용되었고 표본들의 인구통계학적 특성은 〈표 4-5〉과 같다.

〈표 4-5〉 〈실험 3〉 참여자의 인구사회학적 특성

구분		사례 수(명)	비율(%)
성별	남성	120	50
	여성	120	50
연령	만 19세 이상 ~ 만 29세 미만	60	25
	만 30세 이상 ~ 만 39세 미만	60	25
	만 40세 이상 ~ 만 49세 미만	60	25
	만 50세 이상	60	25
거주지역	서울	72	30
	인천·경기	93	38.8
	경상권	38	15.8
	전라권	16	6.7
	세종·충청권	16	6.7
	강원·제주	5	2.1
교육수준	고등학교 이하	27	11.3
	대학 졸업	177	73.8
	대학원 졸업	36	15.0
월평균 가구소득	200만원 이하	7	2.9
	201만원 이상 ~ 300만원	34	14.2
	301만원 이상 ~ 400만원	49	20.4
	401만원 이상 ~ 500만원	29	12.1

구분		사례 수(명)	비율(%)
	501만원 이상 ~ 600만원	32	13.3
	601만원 이상 ~ 700만원	21	8.8
	701만원 이상 ~ 800만원	16	6.7
	801만원 이상 ~ 900만원	18	7.5
	901만원 이상 ~ 1000만원	14	5.8
	1000만원 초과	20	8.3
뉴스 소비량	조금 소비함	12	5.0
	보통	103	42.9
	자주 소비함	71	29.6
	매우 자주 소비함	54	22.5
기성 언론 신뢰도	매우 신뢰한다	2	0.8
	신뢰하는 편이다	67	27.9
	신뢰도 불신도 않는다	117	48.8
	신뢰하지 않는 편이다	40	16.7
	매우 신뢰하지 않는다	14	5.8

3) 실험 자극

언론 신뢰도 향상을 위해 언론사들이 시도하고 있는 투명성 장치의 효과를 집중적으로 분석하였다. 기존 언론사의 신뢰도와 인지도의 영향을 배제하기 위해, 〈실험 1〉에서 사용한 동일한 가상의 인터넷 언론사가 작성한 스팸 메시지 관련 사건을 다룬 온라인 기사를 자극물로 활용하였다. 통제집단(1)의 참여자들에게는 〈그림 4-8〉과 같은 텍스트 형태의 기사만 제공되었고, 집단(2)의 참여자들에게는 〈그림 4-9〉와 같이 기사 하단에 데스크 실명제가 첨부된 자극물이 제공되었다. 집단(3)의 참여자들에게는 〈그림 4-10〉과 같이 기사 하단에 기사 오류/문제 신고하기 버튼이 첨부된 자극물이 제공되었다.

〈그림 4-8〉 〈실험 3〉 '집단 1'에 대한 실험 자극물

대한민국 안심뉴스

기사 검색

전체 지역 정치 경제 사회 문화 IT·과학 국제 스포츠 연예 기타 사설·칼럼

우체국 집배원 사칭 전화금융사기 주의보

입력 2024년 8월 22일 오전 08:26

경찰청 국가수사본부는 우체국 집배원이나 택배기사 등을 사칭해 개인정보를 탈취하고 금전을 요구하는 전화금융사기 범죄가 발생하고 있다며 주의를 당부했다.

이들은 "○○카드가 신청됐다", "김치냉장고 주문을 확인해달라" 등의 말로 피해자에게 접근한다. 피해자가 속으면 카드사 고객센터나 금융감독원을 사칭해 원격제어 앱 설치를 유도하거나, 검찰청 직원을 사칭해 협박하며 돈을 요구하는 수법을 쓴다.

특히 최근에는 원격제어 앱을 악용해 피해자 휴대폰에 악성 앱을 설치하고, 범행 증거를 인멸하는 사례가 늘고 있다. 또, 새로운 휴대전화 개통을 요구해 피해자 감시와 범행 은폐에 활용하기도 한다.

경찰은 "낯선 전화나 문자로 카드 신청, 상품 결제 등을 확인받으면 즉시 전화를 끊고 해당 기관 대표번호나 112에 신고해야 한다"고 강조했다. 또한, "수사기관은 절대 보안 유지 목적으로 원격제어 앱 설치나 휴대전화 신규 개통을 요구하지 않는다"며 각별한 주의를 당부했다.

경찰청은 전화금융사기 예방을 위해 관련 홍보 영상을 제작해 경찰청 유튜브 채널에 게시했다. 자세한 내용은 경찰청 마약조직범죄수사과(02-0150-0141)에서 확인할 수 있다.

김지원 기자 (jiwon@k-ansim.co.kr)

〈그림 4-9〉 〈실험 3〉 '집단 2'에 대한 실험 자극물

대한민국 안심뉴스

기사 검색

전체 지역 정치 경제 사회 문화 IT·과학 국제 스포츠 연예 기타 사설·칼럼

우체국 집배원 사칭 전화금융사기 주의보

입력 2024년 8월 22일 오전 08:26

경찰청 국가수사본부는 우체국 집배원이나 택배기사 등을 사칭해 개인정보를 탈취하고 금전을 요구하는 전화금융사기 범죄가 발생하고 있다며 주의를 당부했다.

이들은 "○○카드가 신청됐다", "김치냉장고 주문을 확인해달라" 등의 말로 피해자에게 접근한다. 피해자가 속으면 카드사 고객센터나 금융감독원을 사칭해 원격제어 앱 설치를 유도하거나, 검찰청 직원을 사칭해 협박하며 돈을 요구하는 수법을 쓴다.

특히 최근에는 원격제어 앱을 악용해 피해자 휴대폰에 악성 앱을 설치하고, 범행 증거를 인멸하는 사례가 늘고 있다. 또, 새로운 휴대전화 개통을 요구해 피해자 감시와 범행 은폐에 활용하기도 한다.

경찰은 "낯선 전화나 문자로 카드 신청, 상품 결제 등을 확인받으면 즉시 전화를 끊고 해당 기관 대표번호나 112에 신고해야 한다"고 강조했다. 또한, "수사기관은 절대 보안 유지 녹석으로 원격제어 앱 설치나 휴대전화 신규 개통을 요구하지 않는다"며 각별한 주의를 당부했다.

경찰청은 전화금융사기 예방을 위해 관련 홍보 영상을 제작해 경찰청 유튜브 채널에 게시했다. 자세한 내용은 경찰청 마약조직범죄수사과(02-0150-0141)에서 확인할 수 있다.

이 기사는 **김지원** (jiwon@k-ansim.co.kr) 기자가 '대한민국 안심뉴스' 윤리강령, 보도 준칙에 따라 작성하고 **이현우** (hyunwoo@k-ansim.co.kr) 데스크가 확인했습니다.

〈그림 4-10〉 〈실험 3〉 '집단 3'에 대한 실험 자극물

대 한 민 국
안 심 뉴 스

기사 검색

전체 지역 정치 경제 사회 문화 IT·과학 국제 스포츠 연예 기타 사설·칼럼

우체국 집배원 사칭 전화금융사기 주의보

입력 2024년 8월 22일 오전 08:26

경찰청 국가수사본부는 우체국 집배원이나 택배기사 등을 사칭해 개인정보를 탈취하고 금전을 요구하는 전화금융사기 범죄가 발생하고 있다며 주의를 당부했다.

이들은 "○○카드가 신청됐다", "김치냉장고 주문을 확인해달라" 등의 말로 피해자에게 접근한다. 피해자가 속으면 카드사 고객센터나 금융감독원을 사칭해 원격제어 앱 설치를 유도하거나, 검찰청 직원을 사칭해 협박하며 돈을 요구하는 수법을 쓴다.

특히 최근에는 원격제어 앱을 악용해 피해자 휴대폰에 악성 앱을 설치하고, 범행 증거를 인멸하는 사례가 늘고 있다. 또, 새로운 휴대전화 개통을 요구해 피해자 감시와 범행 은폐에 활용하기도 한다.

경찰은 "낯선 전화나 문자로 카드 신청, 상품 결제 등을 확인받으면 즉시 전화를 끊고 해당 기관 대표번호나 112에 신고해야 한다"고 강조했다. 또한, "수사기관은 절대 보안 유지 목적으로 원격제어 앱 설치나 휴대전화 신규 개통을 요구하지 않는다"며 각별한 주의를 당부했다.

경찰청은 전화금융사기 예방을 위해 관련 홍보 영상을 제작해 경찰청 유튜브 채널에 게시했다. 자세한 내용은 경찰청 마약조직범죄수사과(02-0150-0141)에서 확인할 수 있다.

김지원 기자 (jiwon@k-ansim.co.kr)

기사 오류/문제 신고하기

※ 기사 내용에 오류나 문제가 있을 경우 위 버튼을 클릭한 후 정해진 절차에 따라 신고해 주시면, '대한민국 안심뉴스' 편집진이 내용 검토 후 답변을 드립니다.

4) 실험 절차

실험 참여자들은 각 집단에 무작위로 배치된 후, 먼저 자신의 뉴스 콘텐츠 이용 행태와 기성 언론에 대한 신뢰도를 측정하는 질문에 응답하였다. 이후, 가상의 뉴스 기사인 자극물에 노출된 뒤, 기사에 등장한 사건과 관련된 개인적 관련성에 관한 질문과 투명성 장치에 대한 태도를 측정하는 문항에 각각 응답하였다. 다음으로 기사 신뢰도 및 평가, 기사를 작성한 기자에 대한 평가, 언론사 평가, 언론사 재이용 의향, 뉴스 기사 추천 및 공유 의향에 관한 질문에도 응답하였다. 마지막으로 정치 성향과 인구통계학적 정보에 응답한 뒤 설문실험 조사를 마무리하였다. 조사 종료 후에는 실험 자극물이 연구 목적을 위해 가상으로 제작되었음을 설명하는 디브리핑(debriefing)이 실시되었다.

5) 측정 문항

〈실험 3〉에서는 〈실험 1〉과 사용된 동일한 뉴스 이용량(전혀 소비하지 않음=1, 매우 자주 소비함=5), 기성 언론 신뢰도(매우 신뢰한다=1, 매우 신뢰하지 않는다=5), 그리고 뉴스 관련성 변인 ('잘 알고 있다', '깊게 관련돼 있다', '경험해 본 적이 있다', '관심이 많다': 전혀 그렇지 않음=1, 매우 그러함=5)(α =.67)이 공변량으로 분석에 사용되었다.

종속 변수는 〈실험 1〉와 〈실험 2〉에서 사용된 종속 변인의 측정 문항과 동일한 항목을 활용하여 분석하였다: (1) 기사 신뢰도('공정하다', '편향적이지 않다', '전체 맥락을 전달하고 있다', '정확하다', '신뢰할 만하다': 매우 동의하지 않는다=1, 매우 동의한다=5)(α =.88), (2) 부정적 기사 평가(('복잡하다', '어렵다': 매우 동의하지 않는다=1, 매우 동의한다=5)(α =.88), (3) 뉴스 기사의 질적 평가(질이 매우 낮다=1, 질이 매우 높다=5), (4) 기자 신뢰도('능숙하다',

'확실하다', '훈련이 잘되어 있다', '전문적이다', '능동적이다': 매우 동의하지 않는다=1, 매우 동의한다=5)(α =.89), (5) 언론사 호감도(전혀 호감이 가지 않는다=1, 호감이 매우 간다=5)(전혀 호감이 가지 않는다=1, 호감이 매우 간다=5), (6) 언론사 재이용 의향(읽을 의향이 전혀 없다=1, 읽을 의향이 매우 있다=5), (7) 뉴스 기사 추천 및 공유 의향(추천/공유할 의향이 전혀 없다=1, 추천/공유할 의향이 매우 있다=5)이 분석에 사용되었다.

투명성 장치에 대한 태도는 (a)긍정적 태도와 (b)부정적 태도로 구분되어 측정되었다. 긍정적 태도는 3개의 항목('유용하다', '중요하다', '필요하다')으로 구성하고 이후 합산하여 사용하였다(α =.88). 부정적 태도는 '복잡하다'는 단일 질문으로 리커트 5점 척도(전혀 그렇지 않다=1, 매우 그렇다=5)를 사용하여 측정하였다.

6) 실험 3 분석 결과

본 연구의 분석에는 SPSS 27.0을 사용하였으며, 뉴스 이용량, 기존 언론 신뢰도, 그리고 가상 온라인 기사 내용과의 관련성을 공변량으로 설정하여 통제한 후, 투명성 장치 종류에 따른 효과를 분석하였다.

주요 분석에 앞서 정규성 검사를 실시하였으며 기술 통계 분석 결과, 주요 변인의 왜도는 -0.759에서 0.526, 첨도는 -1.506에서 1.567로, 정규성 가정 충족 기준을 초과하지 않았다(Kline, 2005). 따라서 주요 변인은 정규분포를 따른다고 볼 수 있었다. 또한 모든 실험 집단의 수를 동일하게 맞춰 집단 간 동질성을 확보하였다.

(1) 투명성 장치에 대한 태도

투명성 장치에 대한 분석이므로 해당 요소가 포함되지 않은 통제집단(1)은 본 분석에서 제외되었다. 최종적으로 데스크 실명제가 포함된 기사에 노출된 집단(2)와 기사 오류/문제 신고하기 버튼이 포함된 기사에 노출된 집단(3)의 비교 분석이 이루어졌다.

먼저 투명성 장치의 대한 부정적 평가를 분석한 공분산분석 (ANCOVA) 결과, 공변량 중 뉴스 이용량 변인만이 유의한 영향을 미쳤으며($F(1, 155)=9.212$, $p<.01$), 투명성 장치의 주효과는 유의하지 않았다($F(1, 155)=1.131$, $p=.289$).

반면 투명성 장치의 긍정적 평가에 대한 공분산분석 결과에서는 뉴스 관련성 변인만이 유의하였고($F(1, 155)=12.951$, $p=<.001$), 투명성 장치의 주효과도 유의하였다($F(1, 155)=3.941$, $p=.049$). 주효과에 대한 집단 간 통계적 차이를 검증하기 위해 일원배치 분산분석(ANOVA)을 실시하였으나 투명성 장치의 주효과가 유의하게 나오지 않았다($F(1, 158)=2.602$, $p=.109$).

흥미로운 점은 부정적 평가에는 뉴스 이용량이, 긍정적 평가에는 뉴스 관련성 공변인이 영향을 미쳤다는 것인데, 이는 뉴스 이용량과 뉴스 관련성이 독자들이 두명성 장치를 평가할 때 다르게 작용했을 가능성을 시사한다.

추측해 보자면, 뉴스 이용량이 많은 독자들은 기존 뉴스 시스템과의 비교를 통해 투명성 장치가 불필요하거나 오히려 번거롭다고 느꼈다고 생각해 볼 수 있다. 결과적으로, 뉴스 이용량이 많은 독자들은 투명성 장치가 기존 이용 경험에 부가적인 가치를 제공하기보다는 언론사의 오류를 강조하거나 뉴스 소비의 편리함을 방해하는 요소로 인식했을 가능성이 있다.

반면, 해당 뉴스가 자신과 관련이 깊다고 느낀 독자들의 경우 기사 내용의 품질과 투명성을 강화하려는 시도가 신뢰와 책임성으로 이어져 좀 더 긍정적인 평가를 하는 데 영향을 끼쳤을 수 있다. 그러나 보다 구체적인 원인과 그 작용

방식에 대해서는 향후 추가적인 연구와 심층적인 분석이 필요할 것으로 보인다.

(2) 기사 신뢰도

공분산분석 결과, 공변량 중 뉴스 관련성 변인만 유의미한 영향을 미쳤으며(F(1, 234)=4.614, p<.05), 투명성 장치의 주효과는 유의하지 않은 것으로 나타났다(F(2, 234)=2.430, p=.090). 독자가 해당 뉴스와 개인적으로 얼마나 관련성을 느끼는지가 기사 신뢰도 평가에 더 중요한 역할을 한다는 것을 의미하며 데스크 실명제, 기사 오류/문제 신고 기능 등 투명성 장치는 신뢰도에 직접적인 영향을 주지 않는 것으로 해석할 수 있다.

(3) 부정적 기사 평가

공분산분석 결과, 공변량 중 뉴스 관련성 변인만이 유의하였으며(F(1, 234)=4.619, p<.05), 투명성 장치의 주효과도 유의하게 나타났다(F(2, 234)=8.007, p<.001). 주효과에 대한 집단 간 통계적 차이를 검증하기 위해 일원배치 분산분석을 실시한 결과, 투명성 장치의 주효과가 유의미함을 다시 확인하였다(F(2, 237)=7.965, p<.001).

평균 비교 결과, 기사만 제공한 통제집단(1)(M=4.04, SD=1.53)과 기사 오류/문제 신고 버튼에 노출된 집단(3)(M=5.05, SD=1.60) 사이에서만 통계적으로 유의한 차이를 보였다. 이는 기사 오류/문제 신고 버튼에 노출된 참여자들이 기사만 제공된 참여자들보다 해당 기사를 더 부정적이고 복잡하게 평가했음을 의미하며, 기사 오류/문제 신고 버튼이 기사에 대한 부정적 평가를 증가시키는 요인이 될 수 있음을 시사한다.

(4) 뉴스 기사의 질적 평가

공분산분석 결과, 공변량 중 뉴스 관련성 변인($F(1, 234)=7.269$, $p<.01$)과 기성 언론 신뢰도가 유의미한 영향을 미쳤으며($F(1, 234)=5.259$, $p<.01$), 투명성 장치의 주효과도 유의하였다($F(2, 234)=4.415$, $p<.05$).

주효과에 대한 집단 간 통계적 차이를 검증하기 위해 일원배치 분산분석을 실시한 결과, 투명성 장치의 주효과가 유의미함을 다시 한번 확인하였다($F(2, 237)=4.128$, $p<.05$). 평균 비교 결과, 데스크 실명제에 노출된 집단(2)($M=3.57$, $SD=.62$)과 기사 오류/신고 버튼에 노출된 집단(3)($M=3.30$, $SD=.60$)사이에서 통계적으로 유의한 차이가 나타났다. 집단(2)에 노출된 참여자들이 집단(3)의 참여자들보다 뉴스 기사의 질을 높이 평가했으며, 두 집단 모두 통제집단(1)과의 비교에서는 통계적으로 유의한 차이가 나타나지 않았다.

이러한 결과는 투명성 장치 중에서 실명제와 같은 책임감 강화 요소가 독자에게 보다 긍정적인 인식을 제공할 수 있음을 나타낸다. 그러나 이러한 긍정적 효과도 통제집단과 비교했을 때는 통계적으로 유의미한 수준에 도달하지 않았기 때문에 투명성 장치가 독자의 뉴스 기사의 질적 평가에 미치는 전반적인 효과는 제한적일 수 있다는 것을 시사한다. 결과적으로, 독자들이 느끼는 기사의 질적 평가는 투명성 장치의 존재 여부보다 개인적 성향이나 뉴스와 관련된 다른 요소에 의해 더 크게 좌우될 가능성이 있음을 의미한다.

(5) 기자 신뢰도

공분산분석 결과, 뉴스 관련성 변인($F(1, 234)=15.696$, $p<.001$)과 기성 언론 신뢰도가 유의한 영향($F(1, 234)=6.641$, $p<.05$)을 미쳤으나, 투명성 장치의 주효과는 유의하지 않은 것으로 분석되었다($F(2, 234)=3.036$, $p=.05$). 이를 통해 독자들이 기자를 신뢰하는 정도는 기사와의 개인적 관련성이나 기존

언론에 대한 신뢰도가 더 중요한 요인으로 작용하며 데스크 실명제, 기사 오류/문제 신고 기능 등의 투명성 장치의 효과는 유의미한 영향을 주지 않는 것으로 해석할 수 있다. 다만 유의수준이 매우 근접한 점을 고려했을 때 실제로 투명성 장치가 영향을 미칠 가능성을 완전히 배제할 수는 없음을 유의할 필요가 있다.

(6) 언론사 호감도

공분산분석 결과, 공변량 중 기성 언론 신뢰도만이 유의한 영향을 미쳤으며 ($F(1, 234)=4.544$, $p<.05$), 투명성 장치의 주효과는 유의하지 않았다($F(2, 234)=2.529$, $p=.082$). 독자들이 언론사를 얼마나 호감 있게 평가하는지는 기존에 가지고 있는 언론 신뢰도가 더 중요한 역할을 하며 데스크 실명제, 기사 오류/문제 신고 기능 등 투명성 장치의 효과는 유의미한 영향을 주지 않는 것으로 해석할 수 있다.

(7) 언론사 재이용 의향

공분산분석 결과, 기성 언론 신뢰도만이 유의한 영향을 미쳤으며($F(1, 234)=9.070$, $p<.01$), 주효과는 유의하지 않은 것으로 나타났다($F(2, 234)=1.927$, $p=.148$). 독자들이 해당 언론사의 기사를 다시 읽을 의향은 기존 언론 신뢰도에 의해 더 크게 좌우되며 데스크 실명제, 기사 오류/문제 신고 기능 등 투명성 장치의 도입 여부는 이러한 재이용 의향에 영향을 주지 않는 것으로 해석할 수 있다.

(8) 언론사 뉴스 기사 추천 및 공유 의향

공분산분석 결과, 공변량 중 기성 언론 신뢰도만이 유의한 영향을 미쳤으며 ($F(1, 234)=17.324$, $p<.001$), 투명성 장치의 주효과는 유의하지 않았다(F(2,

234)=.577, p=.563). 독자들이 해당 언론사의 기사를 추천하거나 공유할 의향은 기존에 가지고 있는 언론 신뢰도에 의해 더 크게 좌우되며 데스크 실명제, 기사 오류/문제 신고 기능 등 투명성 장치의 존재 여부는 이러한 행동에 영향을 주지 않는 것으로 해석할 수 있다.

(9) 공변량 편상관관계 분석

본 연구는 공변인(뉴스 이용량, 기성 언론 신뢰도)과 주요 종속 변인들 간의 관계를 보다 구체적으로 탐색하기 위해 인구통계학적 변인(성별, 연령, 지역, 교육수준, 소득수준)과 실험 처치 집단을 통제한 상태에서 편상관관계 분석을 실시하였다. 해석의 용이성을 높이기 위해 기성 언론 신뢰도 점수가 높을수록 신뢰도가 높게 해석되도록 기성 언론 신뢰도를 역코딩하여 (매우 신뢰하지 않는다=1, 매우 신뢰한다=5) 분석에 활용하였다.

분석 결과, 뉴스 이용량은 데스크 실명제, 기사 오류/문제 신고 기능 등 투명성 강화 장치에 대한 긍정적 평가와 유의미한 정적 상관관계($r=.240$, $p<.01$)를 보였으며, 기사 신뢰도와도 약한 정적 상관관계($r=.250$, $p<.01$)를 나타냈다. 즉, 뉴스 이용량이 높은 사람일수록 투명성 강화 장치를 긍정적으로 평가하고 노출된 기사에 대한 신뢰도가 더 높았다는 것을 확인하였다. 반면, 뉴스 이용량은 다른 종속 변인들과는 유의미한 상관관계를 보이지 않았다.

〈표 4-6〉 〈실험 3〉 편상관관계 분석 결과

	뉴스 이용량	기성 언론 신뢰도	뉴스 관련성
1. 뉴스 이용량	1.000	−0.144	0.140
2. 기성 언론 신뢰도	−0.144	1.000	0.132
3. 뉴스 관련성	0.140	0.132	1.000
4. 투명성 장치 (긍정평가)	0.240**	0.069	0.137
5. 투명성 장치 (부정평가)	−0.080	0.043	0.248*
6. 기사 신뢰도	0.250**	0.100	0.113
7. 부정적 기사 평가	-.008	0.105	0.130*
8. 뉴스 기사의 질	0.132	0.112	0.160*
9. 기자 신뢰도	0.055	0.176*	0.257
10. 언론사 호감도	−0.007	0.185*	−0.032
11. 언론사 재이용 의향	−0.006	0.172*	0.015
12. 언론사 뉴스 기사 추천/공유 의향	0.115	0.257*	0.150

주. *처치 그룹, 성별, 연령, 지역, 교육수준, 소득수준이 통제되었고, 종속 변인들끼리의 상관관계 분석 결과는 표에서 제외하였다. ***p<.001, ** p<.01, * p<.05*

뉴스 관련성은 투명성 장치에 대한 부정적 평가와 약한 정적 상관관계($r=.248$, $p<.05$)를 보였으며 뉴스의 질적 평가와도($r=.160$, $p<.05$) 유의미한 정적 상관관계를 보였다. 이는 뉴스와 관련성이 높을수록 뉴스 기사의 질에 대해 긍정적으로 평가하는 경향을 보여준다. 반면, 투명성 장치에 대해서는 부정적으로 인식하는 모습을 보였는데, 이는 투명성 장치가 뉴스의 맥락이나 정보 소비 경험과 상충하거나 독자들이 해당 장치를 불필요한 요소로 여길 가능성을 시사한다.

기성 언론 신뢰도는 기자 신뢰도($r=.176$, $p<.05$), 언론사 호감도($r=.185$, $p<.05$), 언론사 재이용 의향($r=.172$, $p<.05$), 그리고 언론사 뉴스 기사 추천 및 공유 의향($r=.257$, $p<.05$)과 유의미한 정적 상관관계를 보였다. 이는 기성 언론에 대한 신뢰도가 높을수록 기자와 해당 언론사에 대한 긍정적인 감정을 가지며, 해당 언론사의 콘텐츠를 재이용하거나 타인에게 추천 및 공유하려는 태도가 강화됨을 보여준다. 이러한 결과는 기성 언론에 대한 신뢰가 단순히

기존의 매체에 한정되지 않고 처음 접하는 온라인 언론사에 대한 평가에도 영향을 미칠 수 있음을 시사한다.

5. 소결

1) 실험 1, 2, 3 결과에 대한 논의

언론 신뢰도를 향상하기 위한 일환으로 도입 및 실행되고 있는 언론사들의 투명성 장치들의 실질적 효과를 알아보기 위해 세 가지 실험을 시행했다. 구체적으로 투명성 장치들에 대한 뉴스 이용자들의 인식과 호감도 그리고 신뢰도와 재이용 의사 등을 조사하였다. 특히 투명성 장치들이 늘 긍정적인 효과만을 불러오지는 않는 기존의 연구 결과들을 실증적으로 검증하기 위해 투명성 장치들의 부정적 효과에 대해서도 동시에 조사하였다. 본 연구의 결과들을 종합해 보면 다음과 같은 경향들을 살펴볼 수 있다.

〈실험 1〉의 결과는 투명성을 높이기 위한 대표적 방법인 '기사 수정 이력제'의 효과가 예상보다 미미하거나 오히려 부정적일 수 있음을 시사한다. 실험 참가자들은 수정 및 추가 정보가 더 많이 제공된 '기사 수정 이력제'를 긍정적으로 평가했음에도 기사의 신뢰도 자체는 오히려 부정적으로 평가하였다. 이는 한 번 잘못 보도된 기사가 신뢰도에 미치는 부정적 영향이 크다는 점을 보여준다고 할 수 있다.

또한 수정된 정보의 양이 한 번의 '수정'을 넘어서면서 부정적 평가가 증가했다는 결과는 과도한 수정이 기존 기사에 대한 부정적 인식을 더욱 강화할 수 있음을 보여준다. 즉, 지나친 정정보도는 오히려 언론에 대한 전반적인 평가에 부정적 영향을 미칠 수 있음을 시사한다. 이러한 결과는 언론이 투명성 제고를 위해 수정 보도를 할 때, 그 횟수와 범위를 신중하게 고려해야 함을 시사한다. 〈실험 1〉의 결과는 〈표 4-7〉에 요약 제시했다.

〈표 4-7〉 기사 수정 이력제 관련 〈실험 1〉 결과요약

	주요 결과
실험 집단	(1) 기사만 제시 (2) 기사 수정 내역 제시 (3) 기사 수정 내역 및 추가취재내역 제시 (4) 기사 수정 내역 및 추가취재내역과 출처 제시
기사 수정 이력제에 대한 태도	- 부정적(심각, 복잡, 어렵다) 평가는 집단 간 차이 없음 - (4)를 (2)보다 긍정적(유용, 중요)으로 평가
기사 신뢰도	- 집단 간 유의미한 차이 없음
기사에 대한 부정적 평가	- (1)보다 (3)을 부정적(복잡, 어렵다)으로 평가 - (1)보다 (4)를 부정적(복잡, 어렵다)으로 평가
뉴스 기사의 질	- 집단 간 유의미한 차이 없음
기자 신뢰도	- 집단 간 유의미한 차이 없음
언론사 호감도	- 집단 간 유의미한 차이 없음
언론사 재이용 의향	- 집단 간 유의미한 차이 없음
뉴스 기사 추천 및 공유 의향	- 집단 간 유의미한 차이 없음

〈실험 2〉의 결과는 기사 수정/삭제와 관련된 정보의 맥락과 이유가 신뢰도 형성에 중요한 역할을 한다는 점을 보여준다. 기사 수정/삭제 내역과 그 사유가 함께 제공된 경우, 기사 신뢰도, 뉴스 기사 질, 기자 평가에서 모두 가장 긍정적인 반응이 나타난 것은 구체적인 사유와 설명이 신뢰도를 높이는 데 기여했음을 시사한다. 이는 독자들이 언론사의 의사결정 과정을 이해하고 언론이 오류를 수정하기 위해 책임을 다하고 있다고 인식하게 하는 요소가 단순한 정보 나열이 아니라, 수정의 이유와 배경에 대한 구체적인 설명이라는 점을 보여준다. 결국 투명성 장치가 효과를 발휘하려면 독자가 그 맥락을 충분히 인식할 수 있도록 구성되어야 함을 시사한다. 〈실험 2〉의 결과는 〈표 4-8〉에 요약 제시했다.

〈표 4-8〉 기사 수정/삭제 내역 공개제 관련 〈실험 2〉 결과요약

	주요 결과
실험 집단	(1) 기사 수정/삭제 개수만 제공 (2) 기사 수정/삭제 내역 목록 제공 (3) 기사 수정/삭제 내역 목록과 사유 제공
기사 수정/삭제 내역 공개제에 대한 태도	- 부정적(심각, 복잡, 어렵다) 평가는 집단 간 차이 없음 - (3) 집단이 (2)보다 더 긍정적(유용, 중요)으로 평가
기사 신뢰도	- (1), (2) 집단보다 (3) 집단의 기사 신뢰도 높음
기사에 대한 부정적 평가	- 집단 간 유의미한 차이 없음
뉴스 기사의 질	- (1) 집단이 (2), (3) 집단보다 기사의 질 낮게 평가
기자 신뢰도	- (1) 집단보다 (3) 집단의 기자 신뢰도 높음
언론사 호감도	- 집단 간 유의미한 차이 없음
언론사 재이용 의향	- 집단 간 유의미한 차이 없음
뉴스 기사 추천 및 공유 의향	- 집단 간 유의미한 차이 없음

〈실험 3〉에서는 참여 투명성이 항상 긍정적인 영향을 미치는 것은 아니며, 독자의 심리적 부담을 줄이기 위한 개선이 필요하다는 점을 보여준다. 기사 오류/문제 신고 버튼은 독자에게 부담으로 작용하는 모습을 보였으며 오히려 신뢰도 향상에 부정적인 영향을 미칠 수 있다는 결과가 나타났다. 이러한 부정적 평가는 기사 오류/문제를 지적하는 데 따르는 심리적 부담과 함께 독자에게 책임이 전가되는 듯한 양상에 대한 불만과 신고 과정의 번거로움을 그 원인으로 생각해 볼 수 있다. 나아가 본인이 지적한 오류/문제가 적절히 반영되지 않을 것이라는 회의감 역시도 기사 오류/문제 신고 버튼에 대한 부정적인 영향을 끼쳤을 수 있으리라 본다.

따라서 모든 기사에 기사 오류/문제 신고 기능을 일률적으로 적용하기보다는 민감하거나 오류 발생 가능성이 높은 특정 주제에만 선택적으로 적용하는 것이 더 효과적일 수도 있어 보인다. 또는 '오타', '내용 오류', '불명확함' 등 선택 항목을 제공하는 방식으로 오류 신고 절차를 간소화하여 독자의 심리적 부담을 완화하는 방식을 생각해 볼 수도 있다. 마지막으로 독자가 제공한 피드백이 실질적으로 반영되고 있다는 인식을 심어주는 과정도 매우 중요할 것으로

보인다. 이는 독자들이 적극적으로 피드백에 참여하게 하고 언론사의 책임감을 체감할 수 있도록 하는 핵심 요소로 작용할 것이다. 〈실험 3〉의 결과는 〈표 4-9〉에 요약 제시했다.

〈표 4-9〉 데스크 실명제, 기사 오류/문제 신고하기 관련 〈실험 3〉 결과요약

	주요 결과
실험 집단	(1) 기사만 제공 (2) 데스크 실명제 기사 제공 (3) 기사 오류/문제 신고하기 버튼 있는 기사 제공
데스크 실명제, 기사 오류/문제 신고 기능에 대한 태도	- 긍정적(유용, 중요, 필요)평가: 집단 간 차이 없음 - 부정적(복잡하다)평가: 집단 간 차이 없음
기사 신뢰도	- 집단 간 유의미한 차이 없음
기사에 대한 부정적 평가	- (1)보다 (3)을 더 부정적(복잡, 어렵다)으로 평가
뉴스 기사의 질	- (2) 집단이 (3) 집단보다 뉴스 기사 질 높게 평가
기자 신뢰도	- 집단 간 유의미한 차이 없음
언론사 호감도	- 집단 간 유의미한 차이 없음
언론사 재이용 의향	- 집단 간 유의미한 차이 없음
뉴스 기사 추천 및 공유 의향	- 집단 간 유의미한 차이 없음

마지막으로 개인이 지닌 특성을 반영한 공변량 분석의 경우, 분석에 사용된 뉴스 이용량, 기성 언론 신뢰도, 그리고 뉴스 관련성은 각기 다른 결과를 보여주었다. 뉴스 이용량과 기성 언론 신뢰도는 대부분의 분석에서 중요한 공변량으로 작용했으며 기사의 신뢰도, 기자 신뢰도, 그리고 언론사 재이용 의향에 영향을 미치는 것으로 나타났다. 특히 기성 언론 신뢰도는 모든 실험에서 전반적인 언론사 평가에 일관되게 긍정적인 영향을 미쳤으며 이는 기존에 쌓아온 신뢰가 새로운 뉴스 미디어를 평가하는 데도 중요한 역할을 한다는 것을 시사한다. 따라서 건강한 뉴스 생태계를 형성하고 유지하기 위해 기존 언론은 독자들의 신뢰를 유지하고 강화하기 위한 꾸준한 노력이 필요하다.

종합하면, 언론사는 투명성 장치가 기대한 대로 작동하지 않는다면, 그것이 독자들이 원하는 형태의 투명성이 맞는지, 혹은 투명성이 부족한 것은 아닌지 재고할 필요가 있다. 이는 투명성 정책의 세심한 설계와 독자의 요구에 대한 면밀한 관심이 필요함을 시사한다. 이를 위해 주기적인 설문조사와 피드백 수집을 통해 독자의 의견을 적극적으로 수렴하고 이를 반영하는 것이 최우선 과제가 되어야 할 것이다.

또한 다양한 독자들에게 어필할 수 있는 보다 다양한 투명성 장치의 시도와 도입이 필요하다. 단순히 수정 이력을 제공하는 것에서 나아가 기자의 프로필, 기사 작성의 배경, 그리고 추가 정보 출처를 공개하는 등 독자에게 신뢰를 줄 수 있는 다양한 투명성 강화 장치를 마련해야 한다. 이때 정보의 나열이 아닌 독자에게 충분한 맥락을 제공할 수 있는 구성으로 설계하여 독자들이 이를 의미 있게 인식할 수 있도록 해야 함을 시사한다.

무엇보다 이러한 장치들이 독자들에게 실제로 어떻게 받아들여지는지에 대한 지속적인 모니터링과 피드백 수집이 필요하며 이를 통해 투명성 정책이 독자들에게 신뢰감을 줄 수 있도록 지속적인 개선과 노력이 이루어져야 한다. 결국, 투명성 장치의 설계와 운영에서 가장 중요한 것은 독자에 대한 이해인 것이다.

2) 연구의 한계점

본 연구는 그간 부족했던 투명성 장치들의 효과에 대한 경험적이고 실증적인 분석 연구를 시작했다는 점에서 의의가 있으나 다음과 같은 한계를 지닌다.

우선, 가상의 온라인 언론사의 기사를 자극물로 사용했기 때문에 이러한 결과가 인지도를 가진 기존 언론사들에서도 동일하게 나타날지는 미지수이다.

기존 언론사의 경우, 독자들이 이미 형성한 신뢰가 중요한 변수로 작용할 수 있어 투명성 장치의 효과가 다르게 나타날 가능성이 크다. 따라서 기존 언론사를 대상으로 한 실험을 통해 투명성 장치의 효과를 검증하는 후속 연구가 필요하다.

또한, 이번 연구에서 사용된 투명성 장치는 몇 가지 제한된 방식에 국한되어 있으며 다양한 장치들의 특성을 충분히 반영하지 못했다는 점에서 한계가 있다. 따라서 향후 연구에서는 더 상세한 편집 이력, 추가 정보 출처 공개, 기자의 개인 배경 소개 등과 같은 다양한 투명성 강화 장치들이 독자에게 미치는 효과를 다각적으로 검토할 필요가 있다. 이러한 접근을 통해 투명성 장치의 유형에 따른 독자의 반응을 더 깊이 이해하고 독자 신뢰를 효과적으로 구축할 수 있는 방안을 마련할 수 있을 것이다.

마지막으로 본 연구는 뉴스 투명성 장치에 대한 독자의 장기적인 신뢰도 변화를 조사하지 못했다. 그러나 뉴스 신뢰도는 독자와 언론 간의 오랜 상호작용을 통해 형성되는 경우가 많아서 투명성 강화 장치가 신뢰도에 미치는 장기적 효과를 파악하는 것은 매우 중요하다. 따라서 투명성 장치가 독자의 신뢰도에 미치는 장기적 영향을 심층적으로 평가할 수 있는 지속적이고 종합적인 후속 연구가 필요하다.

이와 같은 한계점에도 불구하고, 본 연구는 투명성 강화 장치가 독자의 신뢰도를 향상하는데 실질적으로 기여할 수 있음을 분석한 초기 연구라는 점에서 의의가 있다. 특히, 투명성 장치가 기사 신뢰도, 기자 신뢰도, 언론사 평가 등 다양한 종속 변인에 미치는 영향을 구체적으로 탐색함으로써, 이러한 장치의 긍정적 및 부정적 효과를 모두 확인하였다. 또한 뉴스 이용량, 기성 언론 신뢰도, 뉴스 관련성 등 개인적 특성에 따라 투명성 장치의 효과가 어떻게 다르게 인식되는지를 밝힘으로써 투명성 장치의 차별적 효과에 대한 실증적 근거도 제시하였다. 본 연구의 결과가 향후 언론사들이 투명성 정책을 설계하고 개선하는 데 있어 중요한 기초 자료로 활용되기를 기대해 본다.

05 투명성 장치에 대한 전문가 의견

1. 투명성 장치에 대한 전문가 인터뷰 조사 개요

4장에서는 '기사 수정 이력제', '기사 수정/삭제 내역 공개제', '데스크 실명제', '기사 오류/문제 신고 기능' 등과 관련해 이용자 실험을 실시하였다. 4장에서 이용자 대상으로 활용한 실험 처치물을 언론 현업 종사자 및 저널리즘 관련 연구자들에게 제시한 후 이에 대한 의견을 정성적으로 물어봤다. 저널리즘 현장 전문가들이 '기사 수정 이력제', '기사 수정/삭제 내역 공개제', '데스크 실명제', '기사 오류/문제 신고 기능' 등 언론 신뢰도 향상을 위한 투명성 장치에 대해 어떻게 생각하고 있는지를 한국의 저널리즘 맥락에서 확인하기 위한 목적이었다. 단, 이들에게 이용자 실험 결과는 제시하지 않았다.

전문가 인터뷰는 이메일을 통한 서면으로 총 8인을 대상으로 실시하였다. 이들을 대상으로 4장에서 활용했던 각각의 실험 처치물과 함께 1) 기사 수정 이력제의 현실적인 적용 가능성과 정보 제공 범위 정도, 2) 수정/삭제 내역 공개 제도의 현실적인 적용 가능성과 정보 제공 범위 정도, 3) 기사 오류/문제 신고 기능의 효과, 4) 데스크 실명제의 효과, 5) 이외 언론 신뢰도 향상을 위해 필요하다고 생각되는 방안 등을 질의하였다. 전문가 8인은 현업 기자 5인, 미디어 관련 스타트업 종사자 1인, 저널리즘 전공 교수 2인 등으로 구성하였으며 구체적인 내용은 〈표 5-1〉과 같다.

〈표 5-1〉 지역 언론 현업 전문가 인터뷰 대상자

익명 기호	소속(직위)
A	종합일간지 디지털 부문 팀장
B	종합일간지 자회사 대표
C	뉴스통신사 디지털 부문 팀장
D	저널리즘 전공 교수
E	저널리즘 전공 교수
F	기자 출신 미디어 스타트업 종사자
G	종합일간지 미디어 전략 부문 팀장
H	종합일간지 콘텐츠 전략 담당 기자

2. 투명성 장치에 대한 전문가 인터뷰 결과

1) 기사 수정 이력제

기사 수정 이력제에 대한 8명의 전문가 의견을 종합한 결과, 인터뷰 대상자 대부분이 투명성 제고를 통한 언론 신뢰도 향상이라는 기사 수정 이력제의 취지에는 공감하면서도 현실적인 적용 방안에 대해서는 신중한 접근이 필요하다는 입장을 보였다.

우선 전문가들은 수정 이력 공개의 기본 방향에 대해서는 대체로 찬성 입장을 보였다. 인터뷰 대상자 A는 "수정 이력을 정리된 글로 공개하는 방식은 실제로 투명성을 갖추게 되는 것과 더불어 시각적으로도 이용자에게 신뢰감을 줄 수 있다"라고 평가했다. B도 "상세하게 정보를 제공할수록 도움이 되겠지만, 현실적으로 수정 내역만 간단히 제시하는 정도만 실현이 되어도 언론 보도에 대한 신뢰를 높이는 역할을 할 수 있으리라 본다"라며 긍정적인 견해를 보였다.

특히 생성형 AI의 등장과 관련해 기사 수정 이력제의 새로운 가능성도 제기되었다. 인터뷰 대상자 A는 "기존에는 해당 영역을 업데이트하고 관리하는 인력이 필요한 일이었다면, 생성형 AI를 활용해 수정 전후 내용을 비교해 작성

해주면 기자 개인은 가벼운 수정 수준으로 많은 추가 시간을 들이지 않아도 될 것"이라고 전망했다. 인터뷰 대상자 C 역시 "'기계 판독 용이성'도 고려해야 할 요소"라며, "AI 생성이 보편화된 시대에는 인간 독자보다 AI agent가 이런 기사 수정 이력을 뒤져보면서 기사의 사실 여부를 확인할 공산이 훨씬 더 크다"라고 지적했다.

그러나 구체적인 실행 방안에 대해서는 의견이 다소 갈렸다. 인터뷰 대상자 C는 "기사 수정 이력만 간단히 제시하는 안이 더 현실적인 방안으로 판단된다. 수정의 근거가 되는 출처까지 모두 표기하는 안은 출처 표기 자체가 매우 큰 노력이 필요로 하는 조처라 도입되더라도 결국 유명무실해질 공산이 크다"라고 지적했다. 반면 인터뷰 대상자 F는 "수정 내역에 출처까지 포함하는 방안이 바람직하다고 생각한다. 투명성을 위한 절차는 그것의 상징적 가치 이상으로 독자들에게 명확한 사유와 근거를 포함하는 것이어야 한다"라고 주장했다.

실제 적용에서 고려해야 할 현실적 제약도 여러 가지가 지적되었다. 인터뷰 대상자 H는 "국내 대부분 언론사는 인력은 줄어들고 업무량은 늘어나는 상황이다. 변화에 대한 내부 반응이 강한 언론 관행과 관성까지 고려하면 언론사는 기사 수정 이력제 도입 자체에 강하게 저항할 가능성이 크다"라고 우려했다. 인터뷰 대상자 B는 더 구체적인 우려를 제기했는데, "사실 관계에 아무 문제가 없는 기사도 기사 속의 등장 인물이 이름의 삭제나 수정, 혹은 기사 전체의 수정을 요구하는 경우가 점점 늘어나고 있다"라며, "신문윤리위원회나 언론중재위원회, 혹은 판결 등을 통해 사진(삽화)이나 기사 내용의 수정 또는 삭제를 요구하는 경우, 수정 이력을 남기는 것이 무의미하거나 바람직하지 않을 수 있다"라고 지적했다.

이를 해결하기 위한 방안으로는 조직적 접근의 필요성이 제기되었다. 인터뷰 대상자 F는 "저널리즘 책무부서, 독자 신뢰 에디터 등을 신설하거나 운영하면서 이들 담당자들이 해당 데스크의 결정에 따라 디지털상에 기입하는 것이 적용 가능성을 높일 것"이라고 제안했다. 인터뷰 대상자 D는 "일반적인 결과는 다양한 방식으로 기사에 관한 정보를 많이 제공할수록(투명성이 높을수록), 기사에 관한 신뢰도가 높아지고 뉴스에 관한 참여 의도가 높아진다"면서도 "지나치게 많은 정보는 휴리스틱 기반의 정보 처리 과정으로 이끄는 경향이 있다"라고 지적했다.

단계적 도입의 필요성도 강조됐다. 인터뷰 대상자 H는 "가능하면 부담을 최소화하는 차원에서 시작하는 게 좋지 않을까. 주요 팩트에 대해 수정 내용과 일시를 공개하는 수준에서 제도 도입을 시작하는 게 어떨까 싶다"라며, "현실적으로 문법적 오류나 자잘하게 문장을 다듬는 수준까지는 공개 범위에서 제외하는 유연한 적용도 필요하다"라고 제안했다. 인터뷰 대상자 G는 이러한 제도의 차별화된 적용 필요성을 제기했는데, "단순 오탈자나 기사의 전체적 방향이나 취지와 무관한 사소한 수정은 공개 내역에서 제외함으로써 뉴스룸의 업무 부담을 줄이고 수정 내역이 불필요하게 길어지는 것을 방지할 필요가 있다"라고 주장했다.

이상의 내용을 종합해 보면 인터뷰 대상 전문가들은 기사 수정 이력제가 언론 신뢰도 제고를 위해 필요한 제도이지만, 현실적인 어려움을 고려해 단계적이고 전략적인 접근이 필요하다는 데 의견을 모았다. 인터뷰 대상자 E의 표현처럼 "최초 보도 이후 수정 사항의 이력을 기사 아래에 기록하는 방식은 투명성 확보 차원에서 좋은 방안이지만, 이를 한국의 뉴스룸에 실제 적용할 수 있을지와 관련한 '실현 가능성'을 고려하여 적정 수준을 제시할 필요가 있다"라는 것이다. 이는 이용자 실험 결과에서도 확인된 부분으로 적합한 정보 제공

범위에 대한 논의가 추후 필요할 것으로 보인다. 또한, 앞으로 이 제도가 성공적으로 정착하기 위해서는 언론사의 결단과 함께 구체적인 운영 전략 수립, 조직 문화 변화, 시스템 구축 등이 종합적으로 이루어져야 할 것으로 보인다.

2) 기사 수정/삭제 내역 공개제

뉴스 기사의 수정 및 삭제 내역 공개 제도에 대한 전문가들의 의견을 종합한 결과, 공개의 필요성과 방식, 현실적 한계, 그리고 실행을 위한 구체적 방안 등 다양한 측면에서의 심도 있는 논의가 이루어졌다.

먼저, 삭제 기사 목록 공개의 형식에 있어서는 대다수의 전문가들이 단순 목록 제시보다 삭제 사유를 포함한 상세 정보 공개가 필요하다는 데 의견을 모았다. 인터뷰 대상자 A의 의견처럼 "삭제 기사 목록을 공개한다면 단순히 삭제 건수만 제시하는 것이 아니라 사유까지 표기하는 방식이 타당하다"라는 것이다. 이는 단순히 삭제 사실만을 알리는 것이 오히려 이용자의 궁금증과 불신을 키울 수 있다는 우려에서 비롯된 것으로 보인다.

하지만 삭제 기사 목록 공개의 실효성에 대해서는 회의적인 시각이 지배적이었다. 인터뷰 대상자 C는 "삭제는 통상 기사 내용의 대다수 또는 전체가 사실이 아니거나 심각한 오류가 있다는 판단 아래 이뤄진다"라고 지적하면서, 이미 삭제된 내용을 다시 공개하는 것이 과연 언론의 신뢰도 향상에 기여할 수 있을지에 대해 의문을 제기했다. 또한 인터뷰 대상자 B는 "수정과 삭제가 많거나 적다는 사실 자체가 오해를 불러일으킬 수 있다"라며 공개 자체가 새로운 논란을 야기할 수 있음을 우려했다.

개인정보 보호의 문제는 특히 중요한 쟁점으로 부각되었다. 명예훼손이나 2차 가해와 같은 이유로 삭제된 기사의 경우, 그 목록을 공개하는 것이 피해자에게 추가적인 피해를 줄 수 있다는 것이다. 인터뷰 대상자 F는 이러한 문제의 해결책으로 뉴욕타임스의 사례를 들며, "삭제 사유를 제시하되, 해당 기사가 발행됐던 페이지의 URL은 남겨두고, 여기에 삭제된 사유를 적시하는 방식"을 제안했다. 이는 투명성을 유지하면서도 개인정보를 보호할 수 있는 균형 잡힌 접근으로 평가된다.

실무적 차원에서는 시스템 구축과 인력 운용의 문제가 중요하게 다뤄졌다. 인터뷰 대상자 G는 "뉴스룸 내부에 도입하려면 업무 부담을 줄일 수 있는 시스템 마련이 선행되어야 한다"라고 강조했다. 이는 단순히 제도를 도입하는 것을 넘어, 실질적인 운영을 위한 인프라 구축의 중요성을 지적한 것이다. 전담 부서의 설치, CMS 시스템의 개선, 업무 프로세스의 재정립 등 구체적인 실행 방안이 필요하다는 의견이었다.

특히 주목할 만한 것은 인터뷰 대상자 H가 지적한 현실적인 문제들이다. "적지 않은 언론사가 악의적인 제목으로 기업을 공격하는 기사를 쓰고 관련 기업으로부터 광고를 대가로 기사를 삭제하거나 수정해 주는 비정상적 수익 사업을 벌이고 있다"라는 지적은, 자발적 도입의 한계와 법적 강제력의 필요성을 시사한다. 이는 단순한 제도 도입을 넘어, 언론계 전반의 구조적 문제와 연결되어 있음을 보여준다.

인터뷰 대상자 E가 제시한 것처럼 "기사 삭제는 기자 수정에 비해 훨씬 중대한 사안"이며, 이는 "사실의 정확성 또는 균형성에 심각한 문제가 있을 때" 이루어지는 중대한 결정이다. 따라서 삭제 기사 목록 공개는 단순한 정보 공개를 넘어 언론의 책임성과 직결되는 문제로 접근해야 할 필요성이 있다.

흥미로운 점은 인터뷰 대상자 C가 제시한 AI 관련 관점이다. "이런 삭제 기사 리스트는 사람이 아닌 AI agent를 위한 데이터로서는 의미가 작지 않아보입니다. 특정 기사가 삭제되었다는 사실은 AI로서는 매우 중요한 참고/학습 포인트가 될 수 있습니다.”라는 지적은, 삭제 기사 목록의 새로운 활용 가능성을 제시한다.

종합해 보면, 삭제 기사 목록 공개 제도는 언론의 투명성과 신뢰도 제고를 위해 필요한 것으로 보이나, 개인정보 보호, 시스템 구축, 업무 효율성, 법적 강제력 등 다양한 측면에서의 세밀한 검토와 준비가 선행되어야 할 것으로 보인다. 인터뷰 대상자 D가 언급한 것처럼 “모든 뉴스 기사를 블록체인 기반으로 만들거나 뉴스 기사 등록제를 도입하는 등” 뉴스 유통 구조 전반의 변화가 없다면, 이 제도의 실질적 도입과 운영은 어려울 수 있다. 따라서 단계적이고 체계적인 접근과 함께, 언론계 전반의 구조적 개선이 동반되어야 할 것으로 판단된다.

더불어 인터뷰 대상자 F가 제안한 것처럼 ‘뉴욕타임스의 윤리강령을 참고’하여, 국내 언론 환경에 맞는 구체적인 가이드라인을 마련하는 것도 중요한 과제가 될 것으로 보인다. 이는 단순히 해외 사례를 모방하는 것이 아니라, 우리 언론계의 현실과 특수성을 고려한 독자적인 모델을 개발해야 함을 의미한다.

3) 기사 오류/문제 신고 기능

기사 오류 신고 기능에 대한 8명의 전문가 의견을 종합한 결과, 전문가들은 기본적으로 기사 오류 신고 기능의 도입 취지에 대해서는 긍정적인 입장을 보였다. 특히 인터뷰 대상자 B가 언급한 것처럼 “독자에게는 기사 보도 과정에 참여하고 언론사로부터 직접 답을 받는다는 경험을 제공할 수 있기 때문에 잘 운영된다면 매체의 신뢰를 높이는데 기여할 수 있다”라는 점이 강조되었다. 인터뷰 대상자 E 또한 “기자는 전능하지 않다라는 관점에서 기사의 오류와 문제를 개방적으로 받아들이는 저널리즘의 중요한 현대적 윤리 기준이 될 수 있다"라고 평가하며 이 기능이 필요하다고 지적하였다.

그러나 이 기능의 실제 운영에 있어서는 여러 가지 현실적인 우려사항이 제기되었다. 가장 큰 문제로 지적된 것은 업무 부담의 증가다. 인터뷰 대상자 A는 "효용에 비해 현실 가능성이 낮을 우려도 있습니다. 의견을 받는 기능을 도입하기 위해서는 기자의 업무를 추가시켜야 하고 담당 인력을 추가로 배정해야 합니다"라고 지적했다. 특히 "걸러지지 않은 내용을 그대로 전달받다보면 기자들이 필요한 취재를 못하고 이 의견들에만 매달려야 하는, 배보다 배꼽이 더 커지는 상황이 올 수도 있기 때문"이라고 말한 부분은 매우 현실적인 지적이라고 할 수 있다.

여기에 더해 인터뷰 대상자 G는 자신의 현장 경험을 토대로 "실제로 뉴스룸에서 일하다 보면 오류 신고 기능이 정파적 의견을 토해내는 항의 창구나 기자 작성 청탁, 기자에 대한 협박 등으로 채워지는 경우를 적잖이 본다"라며 악용 가능성에 대한 우려를 제기했다. 이는 단순한 기능의 추가가 아닌, 그 기능이 가져올 수 있는 부작용에 대한 심각한 경고라고 볼 수 있다.

또한 인터뷰 대상자 D는 "인터넷에서 유명한 법칙 중 하나가 1-99 법칙입니다. 적극적 참여하는 이용자는 매우 소수"라고 지적하면서, 실제 참여율이 저조할 수 있다는 현실적인 문제도 제기했다. 이는 제도의 실효성에 대한 의문으로 이어질 수 있는 부분이다. 특히 "완벽하지 않기 때문에 기사에 자신감이 없는걸지도 모른다고 생각할수도 있지 않을까요"라는 우려는 이 기능이 오히려 언론사의 신뢰도를 저하시킬 수 있다는 가능성을 시사한다.

이러한 문제들을 해결하기 위해 인터뷰 대상 전문가들은 다양한 방안을 제시했다. 인터뷰 대상자 H는 "독자가 오류 지적을 위해 독자센터 번호를 찾아서 연락하는 수고를 감내해야 하긴 한다"라고 지적하면서, UI/UX 개선의 필요성을 언급했다. 이는 현재의 시스템이 가지고 있는 접근성의 한계를 지적한 것으로, 보다 사용자 친화적인 시스템의 구축이 필요함을 보여준다.

인터뷰 대상자 E는 더 나아가 "기사 오류인 것으로 채택된 사례를 신고한 독자에게 언론사가 적절한 보상을 하는 인센티브를 제공할 수 있겠습니다"라는 구체적인 방안을 제시했다. 이는 단순히 시스템을 구축하는 것을 넘어서, 실제로 독자들의 참여를 독려할 수 있는 실질적인 방안이 될 수 있다.

인터뷰 대상자 F는 접근성 측면에서 "오류 및 문제 제보는 웹사이트의 푸터 등에서 가시성 높게 배치함으로써 접근성을 높이는 대안이 가능하다"라고 제안했다. 이는 모든 기사마다 버튼을 달지 않고도 효율적으로 제도를 운영할 수 있는 방안이 될 수 있다. 또한 "악의적 독자들에 의한 남용 가능성이 존재하므로" 이를 방지하기 위한 적절한 위치 선정의 중요성도 함께 지적했다.

인터뷰 대상자 H는 "기사 주요 오류를 독자센터에 지적하면 해당 접수 내용을 정리해 사내 메신저를 통해 편집국 기자 전체에게 전달한다"라는 구체적인 운영 사례를 소개했다. 이에 대해 "이 때문에 독자 지적이 들어오면 어떤 식으로든 조치하는 문화가 어느 정도 자리잡혀 있다"라고 평가하면서, 실제 운영 사례를 통한 긍정적인 변화 가능성을 제시했다.

장기적인 관점에서 볼 때, 인터뷰 대상자 C는 "언론사의 기사에 문제를 제기할 수 있는 창구는 이미 많이 있습니다. 기자나 언론사에 이메일 등을 보낼 수 있고, 부적절한 콘텐츠라면 플랫폼에 신고를 할 수도 있습니다."라고 지적했다. 따라서 새로운 기능의 도입보다는 기존 시스템의 개선과 효율화에 초점을 맞추는 것이 더 효과적일 수 있다는 점도 고려해야 할 필요가 있어 보인다.

인터뷰 대상자 E는 더 나아가 현재 국내 언론의 구조적인 문제점도 지적했다. "에디터 또는 데스크의 '게이트키핑' 단계를 생략하고, 취재 기자가 작성한 기사를 곧바로 보도하는 최근 국내 언론의 관행에 따라 오탈자, 오기, 오류 등으로 가득한 기사가 양산되고 있다"라는 지적은 오류 신고 기능의 필요성이 현재의 언론 시스템의 한계에서 비롯된 점일 수도 있음을 시사한다.

결국 인터뷰 대상자 A의 의견처럼 "이용자가 투명성과 신뢰를 느끼는 지점은 '신고를 한다'는 행위가 아니라 '소통이 열려있다'는 사실 그 자체"라는 점이 이 제도의 핵심일 수 있다. 인터뷰 대상자 H가 제안한 것처럼 "오류 신고 기능을 활성화하기 위해선 해당 오류 신고에 대한 피드백을 의무화하고 공개하는 것이 바람직"하며, 이를 통해 형식적인 제도가 아닌 실질적인 소통 창구로서의 역할을 할 수 있도록 해야 할 필요가 있다. 특히 인터뷰 대상자 G는 "기사 오류인 것으로 채택된 사례와 그 처리 과정을 공개하고, 언론사 신뢰도 제고에 기여한 독자를 꾸준히 발굴해 공개하며, 그 결과에 따른 변화를 보여주는 페이지를 별도로 운영한다면 건강한 독자 참여를 활성화할 수 있을 것"이라고 제안했는데, 이는 구체적이고 실행 가능한 방안으로 보인다.

이러한 내용을 종합해 보면, 기사 오류/문제 신고 기능은 단순히 기능의 추가가 아닌, 언론사와 독자 간의 소통을 강화하고 신뢰를 구축하는 중요한 도구가 될 수 있음을 알 수 있다. 다만 이를 위해서는 현실적인 운영방안과 부작용 방지책이 함께 고려되어야 하며, 무엇보다 언론사의 적극적인 피드백과 개선 의지가 뒷받침되어야 할 것으로 보인다.

4) 데스크 실명제

데스크 실명제에 대한 인터뷰 대상 전문가의 의견을 종합한 결과, 제도의 효과와 실현 가능성에 대해 다양하고 깊이 있는 논의가 이루어졌다. 데스크 실명제의 신뢰도 향상 효과와 관련하여 먼저 긍정적 입장을 살펴보면, 책임 소재의 명확화를 통한 신뢰도 제고 가능성이 주된 근거로 제시되었다. 인터뷰 대상자 A는 “신뢰는 결국 책임 소재에서 오기 때문”이라며, 데스크 이름 표기만으로도 독자들의 신뢰를 얻을 수 있다고 주장했다. 더불어 “이용자가 데스크 이름만으로 그 사람이 누구인지 알 수 없을지언정, 담당자 표기가 되어 있다는 것만으로도 믿음을 가질 것으로 기대됩니다”라고 부연했다.

인터뷰 대상자 B의 경우 실제 도입 사례를 들어 데스크 실명제의 구체적인 효과를 제시했다. “독자의 반응은 상당히 긍정적이었습니다. 데스크 실명제를 명기한 기사에 달린 댓글을 보면 매체 차원에서 기사에 책임을 지려고 노력한다는 점을 알아보고 칭찬하는 내용이 많았습니다. 최소한의 노력으로 높은 효과를 거둔 셈입니다.”라고 설명했다. 인터뷰 대상자 C는 데스크의 본질적 역할에 초점을 맞추어 실명제의 필요성을 강조했다. “데스크는 기사의 또 다른 창작자이며, 각 기사의 책임을 라이터와 나눠 갖는 존재”라는 점을 강조하며, 실제 “언론 관련 사건이 일어나면 담당 라이터와 데스크 모두가 다 당사자로 책임을 져야 합니다”라고 지적했다.

반면 신뢰도 향상 효과에 대해 회의적인 시각도 상당수 존재했다. 인터뷰 대상자 D는 일반 독자들의 데스크 역할 인식 부족을 지적했다. “저학년 대상 개론 수업에서 기자가 취재하고 송고한 원고, 데스크가 확인하고 인쇄되어 신문으로 나오는 과정을 설명하면, 데스크가 하는 역할이 저런 거구나라고 그제서야 알게되는 것 같습니다. 즉, 일반인은 데스크가 확인을 했기 때문에 더 신뢰하지 않을수도 있을 것 같습니다.”라고 답변했다. 인터뷰 대상자 F는 더 나아가 일반 독자들의 인식 수준을 고려할 때 제도의 실효성에 의문을 제기했다. “평범한 독자 수준에서 데스크가 이 과정에서 어떤 역할을 했는지를 이해하는 경우는 드뭅니다. 하나의 기사가 출고되기까지의 전반적인 과정을 이해하지 못하고 있는 독자라면 데스크의 존재와 역할에 대한 인식이 낮을 수밖에 없다고 생각합니다."라고 지적했다.

현실적 적용 가능성 측면에서는 여러 가지 실질적인 어려움이 지적되었다. 인터뷰 대상자 G는 구체적인 업무 현장의 상황을 설명하며 "무엇보다 업무 부담 가중입니다. 기사 데스킹은 데스크의 고유 업무이지만, 속보와 내용을 모두 잡아야 하는 뉴스룸의 업무 특성을 고려하면 '선 작성, 후 수정'이라는 과정을 현실적으로 무시하긴 어렵습니다."라며 데스크 실명제에 대한 우려를 표명했다. 또한 "기사에 대한 문의가 담당기자가 아닌 데스크로 집중됨으로써 발생하는 업무 부담도 무시할 수 없고요"라며 제도 도입 후 발생할 수 있는 추가적인 업무 부담도 우려했다. 이는 단순히 이름을 공개하는 것을 넘어서는 실질적인 운영상의 어려움을 보여주는 것이다.

기자 보호 측면에서 신중한 접근이 필요하다는 의견도 제시되었다. 인터뷰 대상자 B는 현재의 바이라인 제도에서 발생하고 있는 심각한 문제점을 지적했다. "기자의 바이라인을 악용해 여기자에게 이메일로 성폭력적인 악담을 퍼붓거나 스토킹을 하는 사례도 적지 않습니다. 이런 상황에서 바이라인을 강조하는게 기자의 책임을 높이는 효과보다 오히려 기자에게 위험을 가중시키는 것은 아닌가 하는 우려도 점점 커지고 있습니다."라며 우려를 표명했다.

주목할 만한 점은 AI 시대에 데스크 실명제의 필요성이 더욱 커진다는 의견이다. 인터뷰 대상자 A는 "AI가 글을 쓰는 시대이기 때문에 더 필요하다고 느끼는 제도"라고 설명하며, "뉴스와 저널리즘은 결국 얼마나 잘 쓰느냐, 어떻게 취재하고 보도하느냐, 얼마나 빠르냐와 같은 부수적인 문제보다 '믿을 수 있는 정보인가'가 그 퀄리티를 가립니다"라고 지적했다.

이러한 우려들을 감안한 구체적인 개선방안도 다양하게 제시되었다. 인터뷰 대상자 E는 데스크 실명제의 단계적 확대를 제안했다. "1차 데스크(팀장 또는 차장)뿐만 아니라, 뉴스룸의 중간 게이트키퍼에 해당하는 2차 데스크(부장 이상)의 실명까지 함께 밝히는 게 좋지 않을까 합니다."라며, 또한 "직책(사건팀장, 사회부장 등)을 함께 밝혀야 적절한 게이트키핑이 이뤄졌는지에 대한 투명성을 확보할 수 있을 것"이라고 제안했다. 인터뷰 대상자 G는 더 나아가 제도의 성공적 도입을 위한 구체적인 선결조건들을 제시했다. "효율적이고 합리적인 제도 도입을 위한 업무 프로세서 재정의, 내부 데스크 실명제 도입 시스템 구축 및 검수, 책임 소재를 보다 명확히 구분하는 내부 규정 마련 등이 함께 이뤄진다면 데스크 실명제 도입도 적극 검토해야 한다"라는 것이다.

인터뷰 대상자 H는 기자들의 입장에서 제도를 바라보는 새로운 시각을 제시했다. "일선 기자가 쓴 기사가 데스크 과정을 거치면서 의도와 다르게 변경되는 경우가 있는데, 차라리 데스크도 바이라인을 내걸고 공동 책임을 지게 하는 방안을 선호하기 때문"이라고 설명했다. 이는 데스크 실명제가 기자와 데스크 간의 관계에도 영향을 미칠 수 있음을 보여준다.

데스크 실명제는 언론의 투명성과 신뢰도 향상을 위한 의미 있는 시도가 될 수 있으나, 현장의 업무 부담, 실효성 문제, 기자 보호 등 다양한 측면을 고려한 접근이 필요해 보인다. 인터뷰 대상자 F가 지적한 것처럼 "투명성의 상징 측면에선 의미가 있는 시도지만, 신뢰도 제고에 실질적인 기여를 하기 어렵다"라는 한계도 감안하여 이를 보완하기 위한 구체적인 방안 마련도 고민해야 할 것으로 보인다. 제도의 단계적 도입과 함께 내부 프로세스의 개선, 책임 소재의 명확화, 기자 보호 방안 등을 종합적으로 고려한 접근이 필요하며, 또한 데스크의 역할과 책임에 대한 독자들의 이해도를 높이는 노력도 병행되어야 할 것으로 보인다. 더불어 AI 시대의 도래에 따른 저널리즘의 변화 속에서 데스크 실명제가 가질 수 있는 새로운 의미와 가치도 충분히 고려될 필요가 있다.

5) 언론 신뢰도 향상을 위한 제언

지금까지 제시한 기사 수정 이력제, 기사 수정/삭제 내역 공개제, 기사 오류/문제 신고 기능, 데스크 실명제 등 방안 외에 언론 신뢰도 향상을 위해 필요하다고 생각하는 제도, 방안, 내용 등을 자유롭게 서술해 달라는 주문에 대해 인터뷰 대상 전문가들은 다양한 의견을 제시하였다.

첫째, 기획 보도 강화의 필요성이 가장 많이 언급되었다. 발생 뉴스 중심의 보도 관행에서 벗어나 심층적인 기획 보도를 통해 신뢰를 쌓아야 한다는 것이다. 인터뷰 대상자 A는 "탁월한 기획 보도의 비중을 늘리고, 이를 통해 '이 정도 언론사면 발생 뉴스도 믿을 수 있다'는 인식으로 옮겨가게 하는 방식"을 제안했다. 특히 인터뷰 대상자 A는 "대부분의 언론사들이 각자도생하는 사기업인 국내 환경에서 큰 투자가 필요한 대규모 기획 보도 분야가 점차 육성되기 어려운 상황"임을 지적하며, 언론사들이 기획 보도를 할 수 있도록 하는 지원책이 필요하다고 강조했다. 이는 "언론사가 정치 사회 이슈 따라가느라 미처 생각하지 못하는 마이너리티한 주제나 미래를 위한 주제를 지원 사업을 통해 지속적으로 상기시키고 권장하면 좋을 것"이라는 구체적인 제안으로 이어졌다.

둘째, 언론 신뢰도 향상을 위해 독자와의 소통 강화가 중요한 해결책으로 제시되었다. 인터뷰 대상자 B는 "독자가 언론을 불신하는데에는 여러 가지 이유가 있겠지만, 첫째는 독자보다는 취재원이나 편집국을 더 의식하는 구조 때문에 언론사가 독자에게 불통의 조직으로 보이는 점"을 지적했다. 인터뷰 대상자 B는 특히 "예를 들면 독자는 삼성의 주가 하락에 의문을 가진지가 오래

됐는데, 언론은 계속 삼성에 우호적인 기사를 쓰다가 최근에서야 삼성 위기론을 제기하기 시작했다"라며 독자와의 소통 부재로 인한 문제점을 구체적으로 설명했다. 이러한 문제를 해결하기 위해 "독자들이 가지는 의문, 취재를 원하는 방향, 독자의 의견이 기자가 취재 계획을 세우는 단계부터 반영되고 독자들과 소통해 간다면 기자의 취재와 보도가 독자의 맥락과 닿아서 더 잘 수용될 수 있으리라"라고 제안했다.

셋째, 취재원의 다양화와 관점의 균형이다. 인터뷰 대상자 F는 "언론사들은 저마다 정파성을 지니고 있습니다. 이를 부인하긴 어렵습니다. 이 요인이 전적으로 불신하는 사람들로부터 신뢰를 받는데 장애물이 되고 있습니다"라고 지적하며, "특히 갈등적 보도를 할 때 2개 관점이 아니라 최소 3~4개 관점의 취재원을 인용함으로써 하나의 기사 속에서 여러 정파의 의견과 관점, 시선을 소비할 수 있도록 해야 합니다"라고 제안했다. 이는 인터뷰 대상자 E가 지적한 "단편 또는 파편 기사를 양산하는 풍토"와도 연결되는데, 다양한 관점을 담아내기 위해서는 필연적으로 더 깊이 있는 취재와 보도가 필요하기 때문이다.

넷째, 기술 시스템의 고도화를 통한 해결방안이다. 인터뷰 대상자 C는 AI 시대의 'machine customer' 대응을 강조하며, "수정 이력과 삭제 이력을 보존하고, 누가 쓰고 데스킹했는지 origin 정보가 명확하게 보존된 그런 데이터라면 그 공신력의 차이는 '넘사벽'이 될 수밖에 없다"라고 주장했다. 인터뷰 대상자 G는 더 구체적으로 "AI나 머신러닝을 활용한 시스템으로 보완되는 사례가 있고, 기사 이력제나 데스크 실명제도 뉴스룸 인력이 일일이 관리·운영하지 않고 기사 수정·삭제 및 데스킹 단계에서 자동으로 취합·정리되는 시스템을 마련해 업무 부담을 줄일 수 있을 것"이라고 설명했다. 특히 인터뷰 대상자 G는 "사내 교육 및 리터러시 함양도 언론사가 늘 강조하는 내용이지만, 실제로 내부에서 기대만큼 이뤄지지 않는 측면이 있다"라며 기술 시스템과 함께 인적 역량 강화의 중요성도 강조했다.

이러한 제안들에 대해 인터뷰 대상자 H는 매우 현실적인 고민을 제기했다. H는 "대부분 기자들이 신뢰받을 수 있는 기사를 쓰기 위해 노력하고는 있지만, 그것만으로는 신뢰도를 회복하기 어려운 환경"이라고 지적하며, "단순히 제도의 이론적 완전성을 기하는 것보다 현실적으로 제도 효과를 살릴 수 있는 전략에 초점"을 맞춰야 한다고 강조했다. 또한 그는 "기자들이 자발적으로 신뢰도 향상을 위해 스스로 부담되는 제도를 자처할 가능성은 매우 낮다"라며, 실질적인 이행 방안과 전략의 중요성을 강조했다.

이렇듯 다양한 의견들은 결국 언론의 신뢰도 향상이 단순히 하나의 제도나 방안으로 해결될 수 있는 문제가 아니라는 점을 시사한다. 기획 보도 강화, 독자 소통 확대, 취재원 다양화, 기술 시스템 고도화 등이 종합적으로 이뤄져야 하며, 이를 위한 제도적 지원과 현실적 실행 전략이 함께 고민되어야 할 필요가 있다. 특히 인터뷰 대상자 G가 지적한 것처럼 "언론사 내부에선 신뢰도 제고와 업무 프로세스, 운영 비용과 투자 대비 편익이 늘 상충하고 있다"라는 현실적 어려움을 감안할 때, 개별 언론사의 노력만으로는 한계가 있으며 이를 보완하기 위한 제도적, 산업적 차원의 지원과 협력이 필요할 것으로 보인다.

더불어 인터뷰 대상자 E의 지적처럼 "단순 정보를 신속하게 계속 보도하게 되면 정확성과 공정성을 포기할 수밖에 없다"라는 현재의 보도 관행에 대한 근본적인 성찰도 필요하다. 이는 단순히 개별 기자나 언론사의 문제가 아닌, 한국 언론계 전반의 구조적인 문제로 볼 수 있으며, 언론 신뢰로 향상을 위해서는 장기적이고 종합적인 접근이 요구된다고 할 수 있다.

3. 소결

언론의 신뢰도 향상을 위한 투명성 장치에 대한 전문가 인터뷰 결과를 종합해 보면, '기사 수정 이력제', '기사 수정/삭제 내역 공개제', '데스크 실명제', '기사 오류/문제 신고 기능' 등 각 제도의 도입 필요성과 실행 과정에서의 다양한 과제들이 도출되었다. 이는 단순히 개별 제도의 도입 여부를 넘어서 한국 저널리즘의 구조적 혁신과 미래 방향성을 모색하는 중요한 시사점을 제공하고 있다.

기사 수정 이력제와 관련하여, 전문가들은 투명성을 통한 신뢰도 향상이라는 기본 취지에는 대체로 공감하면서도, 실무적 차원에서의 신중한 접근이 필요하다는 입장을 보였다. 특히 생성형 AI의 등장으로 인한 새로운 가능성이 제기되었는데, AI를 활용한 수정 내역 비교 및 작성 기능이 업무 효율성을 높일 수 있다는 의견이 주목할 만하다. 다만 인력은 줄어들고 업무량은 늘어나는 현재 언론사의 상황과, 변화에 대한 거부 반응이 강한 언론 관행을 고려할 때, 제도 도입의 실질적 어려움도 간과할 수 없다는 지적이 있었다.

기사 수정/삭제 내역 공개 제도는 더욱 복잡한 논점들을 내포하고 있다. 가장 큰 쟁점은 개인정보 보호의 문제로, 특히 명예훼손이나 2차 가해 우려가 있는 기사의 경우 삭제 내역 공개가 추가적인 피해를 야기할 수 있다는 우려가 제기되었다. 이에 대한 해결방안으로 뉴욕타임스의 사례를 참고하여, 삭제된 기사의 URL은 유지하면서 삭제 사유만을 명시하는 방식이 제안되었다. 또한 이 제도가 단순한 정보 공개를 넘어 언론의 책임성과 직결되는 문제로 접근해야 한다는 의견도 제시되었다.

기사 오류/문제 신고 기능에 대해서는 독자와의 소통 강화라는 측면에서 긍정적 평가가 우세했으나, 실제 운영에서의 현실적 제약이 지적되었다. 특히 걸러지지 않은 내용을 그대로 전달받으면 기자들이 필요한 취재를 못하고 이 의견들에만 매달려야 하는, 이른바 '배보다 배꼽이 더 커지는' 상황에 대한 우려가 제기되었다. 또한 오류 신고 기능이 정파적 의견을 토해내는 항의 창구나 기자 협박 수단으로 악용될 수 있다는 점도 지적되었다. 이러한 문제들을 해결하기 위해 신고 접수부터 처리까지의 효율적인 시스템 구축, 적절한 인센티브 제공, 그리고 신고 내용의 분류와 관리를 위한 명확한 가이드라인 수립이 필요하다는 의견이 제시되었다.

데스크 실명제의 경우, 책임 소재 명확화를 통한 신뢰도 제고 효과가 기대되나, 현장의 업무 환경과 기자 보호 측면에서 신중한 접근이 필요하다는 의견이 지배적이었다. 특히 AI 시대를 맞아 데스크의 역할이 더욱 중요해질 것이라는 전망과 함께, 실명제가 단순한 이름 공개를 넘어 저널리즘의 품질 관리와 책임성 강화로 이어져야 한다는 제안이 있었다. 다만 속보와 내용을 모두 잡아야 하는 뉴스룸의 업무 특성을 고려할 때, '선 작성, 후 수정'이라는 과정을 현실적으로 무시하기 어렵다는 점도 지적되었다.

이러한 제도들의 성공적 도입을 위해서는 단순한 기술적 구현을 넘어서는 종합적인 접근이 필요하다는 점도 확인할 수 있었다. 첫째, 기획 보도의 강화다. 발생 뉴스 중심의 보도 관행에서 벗어나 심층적인 기획 보도를 통해 신뢰를 쌓아야 한다는 것이다. 둘째, 독자와의 소통 강화로, 취재 계획 단계부터 독자의 관심사와 의견을 반영하는 구조가 필요하다. 셋째, 취재원 다양화를 통해 단편적이고 편향된 보도를 지양하고, 3~4개 관점의 취재원을 통해 균형 잡힌 시각을 제공해야 한다는 것이다.

더불어 AI 기술을 활용한 시스템 고도화도 중요한 과제로 제시되었다. 수정 이력과 데스킹 정보의 자동 기록 및 관리, 오류 신고 처리의 효율화 등에 AI

기술을 적극 활용할 필요가 있다는 것이다. 그러나 이러한 기술적 해결책은 언론사의 자체적인 노력만으로는 한계가 있으며, 업계 전반의 협력과 제도적 지원이 필요하다는 점도 강조되었다.

결론적으로, 언론 신뢰도 향상을 위한 투명성 장치들은 저널리즘의 본질적 가치를 훼손하지 않는 범위 내에서, 현장의 실무적 여건과 기술적 환경을 종합적으로 고려하여 단계적으로 도입되어야 한다는 의견이 다수였다. 특히 각 제도의 도입 과정에서 발생할 수 있는 부작용을 최소화하고, 실질적인 저널리즘 품질 향상으로 이어질 수 있도록 세심한 접근이 요구된다는 점을 확인할 수 있었다. 또한 디지털 전환과 AI 시대의 새로운 환경 변화를 고려한 접근방식의 모색도 필요할 것으로 판단된다.

06 결론 및 제언

1. 연구의 요약과 결론

이 보고서는 언론의 신뢰도를 향상시키기 위한 방안으로서 투명성 강화를 위한 조치들이 얼마나 효과적인지를 검증하고, 보다 현실적인 방안을 제시하는 것을 목표로 하였다. 이를 위해 언론의 신뢰도와 투명성에 관한 선행 연구들을 종합적으로 검토하고, 현재 언론사들이 시행하고 있는 투명성 강화 사례들을 분석했다. 이후 이용자들을 대상으로 한 세 가지 온라인 설문실험을 통해 기사 수정 이력제, 기사 수정/삭제 내역 공개제, 기사 오류/문제 신고 기능, 데스크 실명제 등 주요 투명성 장치들의 실질적인 효과를 검증했다. 마지막으로 이용자 대상 실험에서 알 수 없는 현장의 의견과 맥락을 분석하기 위해 현업 종사자 및 저널리즘 연구자들과의 심층 인터뷰를 통해 투명성 장치의 현장 적용 가능성을 탐색했다.

선행 연구 검토 결과, 언론 신뢰도는 뉴스 콘텐츠의 질적 개선만으로는 단기간에 향상되기 어려울 수 있음을 확인하였다. 이는 언론 신뢰도가 개인의 정치적 또는 사회적 정체성과 같은 콘텐츠 외적 요인의 영향을 크게 받기 때문이다 (Toff et al., 2021). 투명성 강화는 언론 신뢰도 향상을 위한 주요 방안으로 주목받고 있으나, 그 효과는 제한적이거나 일관되지 않은 것으로 나타났다. 특히 기사 수정이나 팩트체크와 같은 투명성 강화 노력이 오히려 '수정의 딜레마(correction dilemma)'를 초래할 수 있다는 점에 주목할 필요가 있다(Freitag et al., 2024). 기사 오류를 공개적으로 수정하는 것이 정확한 정보 제공이라는 측면에서는 도움이 되지만, 역설적으로 해당 언론사에 대한 신뢰도는 낮출 수 있다는 것이다.

이러한 결과는 투명성 강화 방안을 도입할 때 신중한 접근이 필요함을 시사한다. 이는 투명성 강화 방안을 도입할 때 세 가지 측면에서 주의가 필요함을 보여준다. 첫째, 투명성 장치의 적정 수준을 설정하는 것이 중요하다. 너무 많은 정보를 공개하는 것이 오히려 이용자들의 정보 처리 부담을 가중시켜 신뢰도를 저해할 수 있기 때문이다(Allen, 2008; Vos & Craft, 2017). 둘째, 투명성 장치를 제시하는 방식에 대한 세심한 고려가 필요하다. 선행 연구에 따르면 투명성 관련 정보를 효과적으로 전달하기 위한 휴리스틱(heuristic)의 역할이 중요한 것으로 나타났다(Masullo et al., 2022). 따라서 투명성 장치의 시각적 제시 방식이나 배치 등을 신중하게 설계할 필요가 있다. 셋째, 투명성 강화는 단독으로가 아닌 저널리즘의 다른 핵심 가치들과 조화를 이루며 추진되어야 한다. 특히 객관성의 실천적 대안으로서 투명성이 제시되고 있는 만큼(Weinberger, 2009), 두 가치가 상호보완적으로 작용할 수 있는 방안을 모색해야 할 필요가 있다.

이러한 선행 연구 검토와 함께 현재 실제로 진행되고 있는 언론의 투명성 강화 시도 사례들을 분석했다. 먼저 기사 수정 이력제와 관련해서, 뉴스디프스는 2012년 MIT 해커톤 대회에서 탄생한 프로젝트로, 온라인 뉴스 기사의 변화를 실시간으로 추적하고 관리하는 시스템을 구축했다. NYT, CNN, Politico, WP, BBC 등 영향력 있는 주요 언론사들의 웹사이트를 수 분 단위로 모니터링하며, 구글이 개발한 '디프 매치 패치' 라이브러리를 활용해 수정 전후의 텍스트를 글자 단위까지 정밀하게 비교한다. 삭제된 내용은 빨간색 취소선으로, 새로 추가된 내용은 초록색 하이라이트로 표시하여 변경 사항을 시각적으로 명확하게 보여준다. 국내에서는 시사위크가 자발적으로 기사 수정 이력을 공개하는 대표적 사례다. 핵심사실이 수정되면 제목에 [수정]이라고 표시하며, 취재원의 입장을 추가로 반영하는 등 기사 보강, 오기 수정의 경우 기사 내에서 수정 내역을 상세히 표기한다. 시사위크는 "저널리즘의 가치를 높이고 언론의 사회적 책무를 실천"하겠다는 취지로 이 제도를 도입했으며, 이용자들의 반응도 상당히 긍정적인 것으로 알려져 있다.

BBC는 'Corrections and Clarifications' 페이지를 통해 수정된 기사와 삭제된 기사의 목록을 투명하게 공개하고 있다. BBC는 사과문, 중대한 정정보도, 성명서 및 응답들을 포함하여 수정 내용을 체계적으로 관리하며, 발행된 순서대로 게시한다. 특히 중대한 정정보노의 경우 보도 내용의 본질적 사실관계나 맥락에 관련된 중요한 오류를 바로잡는 것으로, 단순한 오타나 경미한 사실 관계 오류와는 별도로 처리하고 있다.

NPR은 '공공 편집인' 제도를 통해 이용자와 편집국 사이의 가교 역할을 수행한다. 모든 페이지 하단에 관련 링크를 제공하여 이용자들이 언제든지 '공공 편집인'에게 연락할 수 있도록 하며, 특정 항목을 선택하면 해당 내용을 채울 수 있는 기본 양식이 제공된다.

C2PA의 'Content Credentials' 시스템은 디지털 콘텐츠의 진본성과 출처를 증명하려는 기술적인 시도다. 아직 시험적이지만 BBC는 이 시스템을 도입하여 자사 콘텐츠에 대해 'BBC Verify'라는 문구로 검증 여부를 표시하고, 어떻게 내용을 확인했는지 상세한 과정을 공개한다. 또한 이용자 대상 설문을 통해 이러한 투명성 장치의 효과를 지속적으로 모니터링하고 있다.

디지털 저널리즘 환경에서 언론사들이 도입하고 있는 다양한 투명성 장치들이 실제로 독자들의 신뢰도 향상에 기여하는지를 세 가지 온라인 실험을 통해 분석했다. 그간 부족했던 투명성 장치들의 효과에 대한 경험적이고 실증적인 분석 연구를 시도했다는 점에서 의의가 있다.

첫 번째 실험에서 '기사 수정 이력제'의 효과를 분석한 결과, 투명성을 높이기 위한 이 대표적 방법이 예상과 달리 제한적이거나 오히려 부정적인 영향을 미칠 수 있음이 확인되었다. 실험 참가자들은 수정 및 추가 정보가 더 많이 제공된 기사에 대해 긍정적으로 평가했음에도 불구하고, 기사의 신뢰도는 오히려 부정적으로 평가하는 경향을 보였다. 이는 한 번 잘못 보도된 기사가 신뢰도에 미치는 부정적 영향이 매우 크다는 점을 시사한다. 특히 수정된 정보의 양이 늘어날수록 부정적 평가가 증가했다는 결과는, 과도한 수정이 기존 기사에 대한 부정적 인식을 더욱 강화할 수 있음을 보여준다. 후속 연구를 통해 밝혀야겠지만, 기사 수정 이력제를 실시하더라도 신뢰도 제고 효과를 얻기 위해서는 수정 이력 제공 범위를 제한할 필요가 있음을 시사한다.

두 번째 실험에서는 기사 수정/삭제와 관련된 정보의 맥락과 이유가 신뢰도 형성에 중요한 역할을 한다는 점이 확인되었다. 기사 수정/삭제 내역과 그 사유가 함께 제공된 경우, 기사 신뢰도, 뉴스 기사 질, 기자 평가에서 모두 가장 긍정적인 반응이 나타났다. 이는 독자들이 언론사의 의사결정 과정을 이해하고 언론이 오류를 수정하기 위해 책임을 다하고 있다고 인식하게 하는 요소가 단순한 정보 나열이 아니라, 수정 및 삭제의 이유와 배경에 대한 구체적인 설명이라는 점을 보여준다. 투명성 장치가 효과를 발휘하려면 이용자가 그 맥락을 충분히 인식할 수 있도록 구성되어야 함을 시사한다.

세 번째 실험은 이용자의 심리적 부담을 줄이기 위한 방안이 필요하다는 점을 보여주었다. '기사 오류/문제 신고 버튼'은 이용자에게 부담으로 작용하는 모습을 보였으며 오히려 신뢰도 향상에 부정적인 영향을 미칠 수 있다는 결과가 나타났다. 이러한 부정적 평가는 기사 오류/문제를 지적하는 데 따르는 심리적 부담과 함께, 이용자에게 책임이 전가되는 듯한 양상에 대한 불만과 신고 과정의 번거로움을 그 원인으로 생각해 볼 수 있다. 따라서, 모든 기사에 기사 오류/문제 신고 기능을 일률적으로 적용하기보다는 민감하거나 오류 발생 가능성이 높은 특정 주제에만 선택적으로 적용하는 것이 더 효과적일 수도 있어 보인다. 다만, '데스크 실명제'는 비교적 긍정적 영향을 미치고 있는 것으로 나타났다.

한편, 개인이 가진 특성을 반영한 공변량 분석의 경우, 분석에 사용된 뉴스 이용량, 기성 언론 신뢰도, 뉴스 관련성은 각기 다른 결과를 보여주었다. 뉴스 이용량과 기성 언론 신뢰도는 대부분의 분석에서 중요한 공변량으로 작용했으며, 기사의 신뢰도, 기자 신뢰도, 언론사 재이용 의향에 영향을 미치는 것으로 나타났다. 특히, 기성 언론 신뢰도는 모든 실험에서 전반적인 언론사 평가에 일관되게 긍정적인 영향을 미쳤으며, 이는 기존에 쌓아온 신뢰가 새로운 뉴스 미디어를 평가하는 데도 중요한 역할을 한다는 것을 시사한다. 따라서, 건강한 뉴스 생태계를 형성하고 유지하기 위해 기존 언론은 독자들의 신뢰를 유지하고 강화하기 위한 꾸준한 노력이 필요할 것으로 보인다.

이용자 대상 실험 연구로는 알 수 없는 현장의 목소리와 맥락을 살펴보기 위해 기사 수정 이력제, 수정/삭제 기사 내역 공개제, 데스크 실명제, 기사 오류/문제 신고 기능 등 구체적인 투명성 장치들에 대한 전문가 심층 인터뷰를 실시하였다. 그 결과, 전문가들은 투명성 장치들이 언론 신뢰도 향상에 기여할 수 있다는 기본 취지에는 공감하면서도, 현실적 적용에 있어서는 신중하고 단계적인 접근이 필요하다는 데 의견을 모았다. 특히 인터뷰 대상자 E가 지적한 것처럼 "단순 정보를 신속하게 계속 보도하게 되면 정확성과 공정성을 포기할 수밖에 없게 된다"라는 현재의 관행에 대한 근본적인 성찰이 선행되어야 한다는 점이 강조되었다.

주목할 만한 점은 AI 시대의 도래에 따른 새로운 가능성이다. 인터뷰 대상자 A는 기사 수정 이력제와 관련해 "기존에는 해당 영역을 업데이트하고 관리하는 인력이 필요한 일이었다면, 생성형 AI를 활용해 수정 전후 내용을 비교해 작성해주면 기자 개인은 가벼운 수정 수준으로 많은 추가 시간을 들이지 않아도 될 것"이라고 전망했다. 이는 기술 혁신이 투명성 강화의 새로운 돌파구가 될 수 있음을 시사한다.

그러나 이러한 제도들의 성공적 도입을 위해서는 다음과 같은 과제들이 해결되어야 한다. 첫째, 기획 보도의 강화다. 발생 뉴스 중심의 보도 관행에서 벗어나 심층적인 기획 보도를 통해 신뢰를 쌓아야 한다. 둘째, 독자와의 소통 강화로, 취재 계획 단계부터 독자의 관심사와 의견을 반영하는 구조가 필요하다. 셋째, 취재원 다양화를 통해 단편적이고 편향된 보도를 지양하고, 3~4개 관점의 취재원을 통해 균형 잡힌 시각을 제공해야 한다는 것이다.

특히 주목할 만한 것은 인터뷰 대상자 G가 지적한 현실적 우려사항이다. "언론사 내부에선 신뢰도 제고와 업무 프로세스, 운영 비용과 투자 대비 편익이 늘 상충하고 있다"라는 현실적 어려움을 감안할 때, 개별 언론사의 노력만으로는 한계가 있으며 이를 보완하기 위한 제도적, 산업적 차원의 지원과 협력이 필요할 것으로 보인다.

결론적으로, 언론 신뢰도 향상을 위한 투명성 장치들은 저널리즘의 본질적 가치를 훼손하지 않는 범위 내에서 현장의 실무적 여건과 기술적 환경을 종합적으로 고려하여 단계적으로 도입되어야 한다. 또한 디지털 전환과 AI 시대의 새로운 환경 변화를 고려한 접근방식의 모색도 필요할 것이다. 이는 단순히 개별 기자나 언론사의 문제가 아닌, 한국 언론계 전반의 구조적인 문제로 볼 수 있으며, 언론 신뢰도 향상을 위해서는 장기적이고 종합적인 접근이 요구된다고 할 수 있다.

2. 언론 신뢰도 향상을 위한 제언

이러한 실험 연구 결과와 전문가 인터뷰 내용을 종합해 보면, 다음과 같은 제언이 가능하다. 첫째, 언론사는 투명성 장치가 기대한 대로 작동하지 않는다면, 그것이 독자들이 원하는 형태의 투명성이 맞는지, 혹은 투명성이 부족한 것은 아닌지 재고할 필요가 있다. 이는 투명성 정책의 세심한 설계와 독자의 요구에 대한 면밀한 관심이 필요함을 시사한다. 어느 정도의 투명성이 적절할지 지속적으로 시험해 보며 그 효과를 검증할 필요가 있는 것이다.

둘째, 다양한 독자들에게 어필할 수 있는 보다 다양한 투명성 장치의 시도와 도입이 필요하다. 단순히 수정 이력을 제공하는 것에서 나아가, 기자의 프로필, 기사 작성의 배경, 추가 정보 출처 등을 공개하는 등 독자에게 신뢰를 줄 수 있는 다양한 투명성 강화 장치를 마련할 필요가 있다. 중요한 점은 각각의 장치들이 이용자들에게 부담으로 작용해서는 안 된다는 점이다. 지속적으로 이용자 대상 실험이 진행되어야 한다. 이러한 장치들이 이용자들에게 실제로 어떻게 받아들여지는지에 대한 지속적인 모니터링과 피드백 수집이 필요하며, 이를 통해 투명성 정책이 독자들에게 신뢰감을 줄 수 있도록 지속적인 개선과 노력이 이루어져야 한다(Masullo et al., 2022). 결국 투명성 장치의 설계와 운영에서 가장 중요한 것은 이용자에 대한 이해인 것이다.

셋째, 이러한 투명성 강화 장치들이 신뢰도 제고에 아무리 효과가 있더라도 도입하는 언론사에게 상당히 부담스러운 일이기 때문에 장치의 도입을 독려할 정책적 지원도 필요하다. 어느 정도 효과가 확인된 기사 수정 이력제, 기사 수정/삭제 내역 공개제, 데스크 실명제 등을 도입하는 언론사들에게 혜택을 주는 방식으로 유도하는 것이다. 예를 들어, 한국언론진흥재단이 언론사 공통으로 활용 가능한 기사 수정 이력제 적용 기술을 개발하고 이 기술을 도입하는 언론사들에 대하여 각종 지원 사업 등에서 가산점을 부여하는 방식을 도입할 수 있다.

이 보고서는 가상의 온라인 언론사를 만들고 창작한 기사를 자극물로 사용했기 때문에 이러한 결과가 인지도를 가진 기존 언론사들에서도 동일하게 나타날지는 미지수다. 기존 언론사의 경우, 이용자들이 이미 형성한 신뢰가 중요한 변수로 작용할 수 있어 투명성 장치의 효과가 다르게 나타날 가능성이 크다. 따라서 기존 언론사를 대상으로 한 실험을 통해 투명성 장치의 효과를 검증하는 후속 연구도 필요해 보인다. 이와 더불어 보다 다양한 투명성 장치들의 효과를 장기적으로 관찰하고 분석하는 연구도 필요할 것이다. 이 보고서의 결과가 향후 언론사들이 효과적인 투명성 정책을 수립하고 실행하는 데 있어 중요한 기초 자료로 활용되기를 기대한다.

참고문헌

강명구, 양승목, 엄기열. (2001). *한국 언론의 신뢰도 : 위기 현황 분석과 극복방안.* 서울: 한국언론재단.

김경모, 이승수. (2018). 뉴스 수용자의 지각 편향과 뉴스 공정성 평가. *커뮤니케이션 이론, 14*(3), 145-198.

김여라. (2009). 텔레비전 시청자의 채널 브랜드 자산 평가가 뉴스 신뢰도, 선호도 및 시청의도에 미치는 영향에 관한 연구. *한국방송학보, 23*(6), 87-125.

김위근, 안수찬, 백영민. (2018). *한국의 언론 신뢰도: 진단과 처방.* 서울: 한국언론진흥재단.

민영. (2016). 신뢰의 조건: 저널리즘 전문성과 정파적 편향성이 언론 신뢰와 정치 신뢰에 미치는 영향. *한국언론학보, 60*(6), 127-156.

반현. (2003). 인터넷 뉴스 미디어의 신뢰도에 관한 실험 연구. *한국방송학보, 17*(2), 207-231.

배정근, 박진우, 오현경. (2021). *언론 신뢰 구축을 위한 새로운 접근.* 서울: 한국언론진흥재단.

오세욱, 송해엽. (2020). *뉴스 기사 신뢰도 측정 방안: 뉴스트러스트 사례를 중심으로.* 서울: 한국언론진흥재단.

오현경. (2022). 언론 신뢰도의 개념적 고찰. *언론과 사회, 30*(1), 99-132.

우형진. (2024). 국내 지상파 방송사 ESG 경영이 뉴스 신뢰도에 미치는 영향에 관한 연구: 채널 브랜드 자산 매개 효과를 중심으로. *방송통신연구,* 73-105.

육은희. (2020). 오보 속 사건의 윤리성과 정정보도의 책임 귀인이 인물과 매체에 대한 평가 변화에 미치는 영향. *방송통신연구,* 32-64.

이소은, 오현경. (2021). 매체, 언론사, 주제별 뉴스 이용과 언론에 대한 평가 이용자 정치성향의 조절효과를 중심으로. *한국언론학보, 65*(2), 241-285.

이현우, 박영흠, 김선호. (2024). *디지털뉴스 리포트 2024 한국.* 서울: 한국언론진흥재단.

정성욱, 윤석민. (2021). 팩트체크 뉴스가 매체 신뢰도에 미치는 영향. *한국언론학보, 65*(4), 5-69.

한국언론진흥재단. (2023). *2023 언론수용자 조사.* 서울: 한국언론진흥재단.

Allen, D. S. (2008). THE TROUBLE WITH TRANSPARENCY: The challenge of doing journalism ethics in a surveillance society. *Journalism Studies, 9*(3), 323-340.

Bachmann, I., & Valenzuela, S. (2023). Studying the downstream effects of fact-checking on social media: Experiments on correction formats, belief accuracy, and media trust. *Social Media + Society, 9*(2).

Barber, B. (1983). *The logic and limits of trust.* Rutgers University Press.

Bentele, G., & Seidenglanz, R. (2008). Trust and credibility: Prerequisites for communication management. In A. Zerfass, B. van Ruler, & K. Sriramesh (Eds.). *Public relations research: European and international perspectives and innovations* (pp. 49-61). VS Verlag für Sozialwissenschaften.

Carson, A., Gibbons, A., Martin, A., & Phillips, J. B. (2022). Does third-party fact-checking increase trust in news stories? An Australian case study using the "Sports Rorts" affair. *Digital Journalism, 10*(5), 801-822.

Chadha, K. & Koliska, M. (2015). Newsrooms and transparency in digital age. *Journalism Practice, 9*(2), 215-229.

Collins, N. L., & Miller, L. C. (1994). Self-disclosure and liking: a meta-analytic review. *Psychological Bulletin*, 116(3), 457-475.

Curry, A. L., & Stroud, N. J. (2021). The effects of journalistic transparency on credibility assessments and engagement intentions. *Journalism, 22*(4), 901-918.

Deuze, M. (2005). What is journalism?: Professional identity and ideology of journalists reconsidered. *Journalism, 6*(4), 442-464.

Edelman Trust Institute. (2024). 2024 Edelman Trust Barometer Global Report. Retrieved from https://www.edelman.kr/sites/g/files/aatuss416/files/2024-04/2024%20Edelman%20Trust%20Barometer_S.%20Korea%20Report_0.pdf

Fawzi, N., Steindl, N., Obermaier, M., Prochazka, F., Arlt, D., Blöbaum, B., ... & Ziegele, M. (2021). Concepts, causes and consequences of trust in news media-a literature review and framework. *Annals of the International Communication Association, 45*(2), 154-174.

Fisher, C. (2016). The trouble with 'trust' in news media. *Communication Research and Practice, 2*(4), 451-465.

Freitag, J., Gochee, M., Ransden, M., Nyhan, B., Roschke, K., & Gillmor, D. (2024). The corrections dilemma: Media retractions increase belief accuracy but decrease trust. *Journal of Experimental Political Science, 11*(1), 90-101.

Friend, C.(2007). Gathering and sharing information. In C. Friend, & J. Singer(Eds.), *Online Journalism Ethics: Traditions and transition* (pp. 54-79).

New York: M. E. Sharpe.

Gambetta, D. (1988). *Trust: Making or breaking cooperative relations*. Blackwell.

Gaziano, C., & McGrath, K. (1986). Measuring the concept of credibility. *Journalism Quarterly, 63*(3), 451–462.

Gunther, A. C. (1992). Biased press or biased public? Attitudes toward media coverage of social groups. *Public Opinion Quarterly, 56*(2), 147–167.

Hanitzsch, T., Van Dalen, A., & Steindl, N. (2018). Caught in the nexus: A comparative and longitudinal analysis of public trust in the press. The International *Journal of Press/Politics, 23*(1), 3–23.

Hayes, A. S., Singer, J. B., & Ceppos, J. (2007). Shifting roles, enduring values: The credible journalist in a digital age. *Journal of Mass Media Ethics, 22*(4), 262–279.

Hovland, C. I., Janis, I. L., & Kelley, H. (1959). *Communication and persuasion: Psychological studies of opinion change* (3rd ed.). New Haven, GT: Yale University Press.

Jacobson, H. K. (1969). Mass media believability: A study of receiver judgments. *Journalism Quarterly, 46*(1), 20 28.

Johnson, K. A., & St. John III, B. (2021). Transparency in the news: The impact of self-disclosure and process disclosure on the perceived credibility of the journalist, the story, and the organization. *Journalism Studies, 22*(7), 953–970.

Karlsson, M. (2010). Rituals of transparency. Evaluating online news outlets' uses of transparency rituals in the United States, United Kingdom and Sweden. *Journalism Studies, 11*(4), 535–545.

Karlsson, M. (2020). Dispersing the opacity of transparency in journalism on the appeal of different forms of transparency to the general public. *Journalism Studies, 21*(13), 1795–1814.

Karlsson, M., & Clerwall, C. (2018). Transparency to the Rescue? Evaluating citizens' views on transparency tools in journalism. *Journalism Studies, 19*(13), 1923–1933.

Karlsson, M., Clerwall, C., & Nord, L. (2014). You ain't seen nothing yet: Transparency's (lack of) effect on source and message credibility. *Journalism Studies, 15*(5), 668–678.

Karlsson, M., Clerwall, C., & Nord, L. (2017). Do not stand corrected: Transparency and users' attitudes to inaccurate news and corrections in online journalism.

Journalism & Mass Communication Quarterly, 94(1), 148-167.

Kiousis, S. (2001). Public trust or mistrust? Perceptions of media credibility in the information age. *Mass Communication & Society, 4*(4), 381-403.

Kline, R.B.(2005). Principles and Practice of strucutlral equation modeling (2nd ed.). New York: Guilford.

Kohring, M. (2019). Public trust in news media. *The International Encyclopedia of Journalism Studies,* 1-6.

Kohring, M., & Matthes, J. (2007). Trust in news media: Development and validation of a multidimensional scale. *Communication Research, 34*(2), 231-252.

Koliska, M. (2022). Trust and Journalistic Transparency Online. Journalism Studies, 23(12), 1488-1509.

Kovach, B., & Rosenstiel, T. (2014). *Elements of journalism: What newspeople should know and the public should expect.* Crown.

Lewicki, R. J., McAllister, D. J., & Bies, R. J. (1998). Trust and distrust: New relationships and realities. *Academy of Management Review, 23*(3), 438-458.

Masullo, G. M., Curry, A. L., Whipple, K. N., & Murray, C. (2022). The story behind the story: Examining transparency about the journalistic process and news outlet credibility. *Journalism Practice, 16*(7), 1287-1305.

Mayer, R. C., Davis, J. H., & Schoorman, F. D. (1995). An integrative model of organizational trust. *Academy of Management Review, 20*(3), 709-734.

Meck, A.-M. (2019). Communication and trust: A linguistic analysis. In T. Osburg & S. Heinecke (Eds.), *Media trust in a digital world* (pp. 81-96). Springer.

Media Insight Project (2018). Americans and the news media: What they do – and don't – understand about each other. (Report for the American Press Institute). Retrieved from https://americanpressinstitute.org/americans-and-the-news-media/

Metzger, M. J., Flanagin, A. J., Eyal, K., Lemus, D. R., & McCann, R. M. (2003). Credibility for the 21st century: Integrating perspectives on source, message, and media credibility in the contemporary media environment. *Annals of the International Communication Association, 27*(1), 293-335.

Meyer, P. (1988). Defining and measuring credibility of newspapers: Developing an index. *Journalism Quarterly, 65*(3), 567-574.

Mindich, D. T. (1998). *Just the facts: How 'objectivity' came to define American journalism*. NYU Press.

Nelson, J. L., & Lewis, S. C. (2023). Only "sheep" trust journalists? How citizens' self-perceptions shape their approach to news. *New Media & Society, 25*(7), 1522–1541.

Osburg, T. (2019). Changing Relevance of Trust in Digital Worlds. In T. Osburg & S. Heinecke (Eds.), *Media trust in a digital world* (pp. 15–33). Springer.

Otis, A. (2024). The effects of transparency cues on news source credibility online: an investigation of 'opinion labels'. *Journalism, 25*(1), 198–217.

O'Keefe, D. J. (2002). *Persuasion: Theory and research* (vol. 2). Sage.

Patterson, O. (1999). Liberty against the democratic state: On the historical and contemporary sources of American distrust. In M. E. Warren (Ed.), *Democracy and trust* (pp. 151–207). Cambridge University Press.

Peifer, J. T., & Meisinger, J. (2021). The value of explaining the process: How journalistic transparency and perceptions of news media importance can (sometimes) foster message credibility and engagement intentions. *Journalism & Mass Communication Quarterly, 98*(3), 828–853.

Pingree, R. J., Watson, B., Sui, M., Searles, K., Kalmoe, N. P., Darr, J. P., ... & Bryanov, K. (2018). Checking facts and fighting back: Why journalists should defend their profession. *PloS One, 13*(12).

Prochazka, F., & Schweiger, W. (2019). How to measure generalized trust in news media? An adaptation and test of scales. *Communication Methods and Measures, 13*(1), 26–42.

Reuters Institute for the Study of Journalism (2024). Reuters Institute Digital News Report 2024. Retrieved from https://reutersinstitute.politics.ox.ac.uk/sites/default/files/2024-06/RISJ_DNR_2024_Digital_v10%20lr.pdf

Robinson, M. J., & Kohut, A. (1988). Believability and the press. *Public Opinion Quarterly, 52*(2), 174–189.

Schudson, M. (2001). The objectivity norm in American journalism. *Journalism, 2*(2), 149–170.

Seinsberger, D. (2009). Transparency: The new objectivity. Retrieved from https://www.kmworld.com/Articles/Column/David-Weinberger/Transparency-the-new-objectivity-55785.aspx

Silverman, C. (2014). The best ways for publishers to build credibility through transparency. Retrieved from https://www.americanpressinstitute.org/public

ations/reports/strategy-studies/transparency-credibility/

Silverman, C. (2024). The best ways for publishers to build credibility through transparency. American Press Institute. Retrieved from https://americanpressinstitute.org/transparency-credibility/

Singer, J. B. (2007). Contested autonomy: Professional and popular claims on journalistic norms. *Journalism Studies, 8*(1), 79-95.

Strömbäck, J., Tsfati, Y., Boomgaarden, H., Damstra, A., Lindgren, E., Vliegenthart, R., & Lindholm, T. (2020). News media trust and its impact on media use: Toward a framework for future research. *Annals of the International Communication Association, 44*(2), 139-156.

Swart, J., & Broersma, M. (2024). What feels like news? Young people's perceptions of news on Instagram. *Journalism, 25*(8), 1620-1637.

Taylor, R. S. (1986). *Value-added processes in information systems.* Ablex Publishing.

Toff, B., Badrinathan, S., Mont'Alverne, C., Ross Arguedas, A., Fletcher, R., & Nielsen, R. (2021). *Listening to what trust in news means to users: qualitative evidence from four countries.* Reuters Institute for the Study of Journalism. Retrieved from https://reutersinstitute.politics.ox.ac.uk/listening-what-trust-news-means-users-qualitative-evidence-four-countries

Tsfati, Y., & Arely, G. (2014). Individual and contextual correlates of trust in media across 44 countries. *Communication Research, 41*(6), 760-782.

Tsfati, Y., & Cappella, J. N. (2003). Do people watch what they do not trust? Exploring the association between news media skepticism and exposure. *Communication Research, 30*(5), 504-529.

Van Dalen, A. (2019). Journalism, trust, and credibility. In K. Wahl-Jorgensen, & T. Hanitzsch (Eds.), *The handbook of journalism studies* (pp. 356-371). Routledge.

Varnum, C. N., Wojdynski, B. W., Binford, M. T., & Duncan, J. (2024). Designing for trust: How online news consumers view and interpret informational transparency boxes. *Digital Journalism,* 1-22.

Vos, T. P., & Craft, S. (2017). The discursive construction of journalistic transparency. *Journalism Studies, 18*(12), 1505-1522.

Ward, S. (2015). The magical concept of transparency. In L. Zion, & D. Craig (Eds.). *Ethics for digital journalists: Emerging best practices* (pp. 45-58).

Routledge.

Ward, S. J. (2008). Truth and objectivity. In L. Wilkins, & C. G. Chtistian (Eds.), *The handbook of mass media ethics* (pp. 85–97). Routledge.

Weinberger, D. (2009). Transparency is the new objectivity. Retrieved from https://www.hyperorg.com/blogger/2009/07/19/transparency-is-the-new-objectivity/

West, M. D. (1994). Validating a scale for the measurement of credibility: A covariance structure modeling approach. *Journalism Quarterly, 71*(1), 159.

Wheeless, L. R., & Grotz, J. (1976). Conceptualization and measurement of reported self-disclosure. *Human Communication Research, 2*(4), 338–346.

Yale, R. N., Jensen, J. D., Carcioppolo, N., Sun, Y., & Liu, M. (2015). Examining first- and second-order factor structures for news credibility. *Communication Methods and Measures, 9*(3), 152–169.

Young, E., (2016). A new understanding: What makes people trust and rely on news. American Press Institute. Retrieved from https://www.americanpressinstitute.org/wp-content/uploads/2016/04/What-Makes-People-Trust-and-Rely-on-News-Media-Insight-Project.pdf